U0711802

高等法律职业教育系列教材
审定委员会

婚姻家庭法实训教程

HUNYIN JIATINGFA SHIXUN JIAOCHENG

主　编○袁志丽

副主编○熊小琼　黄惠萍

撰稿人○袁志丽　熊小琼　黄惠萍　陈　宁

中国政法大学出版社

2020・北京

图书在版编目（CIP）数据

婚姻家庭法实训教程/袁志丽主编. —北京：中国政法大学出版社，2020. 8
ISBN 978-7-5620-9597-2

Ⅰ. ①婚…　Ⅱ. ①袁…　Ⅲ. ①婚姻法—中国—教材　Ⅳ. ①D923. 9

中国版本图书馆CIP数据核字(2020)第140006号

出 版 者　中国政法大学出版社
地　　址　北京市海淀区西土城路 25 号
邮　　箱　fadapress@163.com
网　　址　http://www.cuplpress.com (网络实名：中国政法大学出版社)
电　　话　010-58908435(第一编辑部) 58908334(邮购部)
承　　印　固安华明印业有限公司
开　　本　787mm×1092mm　1/16
印　　张　10.5
字　　数　218 千字
版　　次　2020 年 8 月第 1 版
印　　次　2020 年 8 月第 1 次印刷
印　　数　1~5000 册
定　　价　36.00 元

高等法律职业化教育已成为社会的广泛共识。2008年，由中央政法委等15部委联合启动的全国政法干警招录体制改革试点工作，更成为中国法律职业化教育发展的里程碑。这也必将带来高等法律职业教育人才培养机制的深层次变革。顺应时代法治发展需要，培养高素质、技能型的法律职业人才，是高等法律职业教育亟待破解的重大实践课题。

目前，受高等职业教育大趋势的牵引、拉动，我国高等法律职业教育开始了教育观念和人才培养模式的重塑。改革传统的理论灌输型学科教学模式，吸收、内化“校企合作、工学结合”的高等职业教育办学理念，从办学“基因”——专业建设、课程设置上“颠覆”教学模式：“校警合作”办专业，以“工作过程导向”为基点，设计开发课程，探索出了富有成效的法律职业化教学之路。为积累教学经验、深化教学改革、凝塑教育成果，我们着手推出“基于工作过程导向系统化”的法律职业系列教材。

《国家中长期教育改革和发展规划纲要（2010~2020年）》明确指出，高等教育要注重知行统一，坚持教育教学与生产劳动、社会实践相结合。该系列教材的一个重要出发点就是尝试为高等法律职业教育在“知”与“行”之间搭建平台，努力对法律教育如何职业化这一教育课题进行研究、破解。在编排形式上，打破了传统篇、章、节的体例，以司法行政工作的法律应用过程为学习单元设计体例，以职业岗位的真实任务为基础，突出职业核心技能的培养；在内容设计上，改变传统历史、原则、概念的理论型解读，采取“教、学、练、训”一体化的编写模式。以案例等导出问题，根据内容设计相应的情境训练，将相关原理与实操训练有机地结合，围绕关键知识点引入相关实例，归纳总结理论，分析判断解决问题的途径，充分展现法律职业活动的演进过程和应用法律的流程。

法律的生命不在于逻辑，而在于实践。法律职业化教育之舟只有驶入法律实践的海洋当中，才能激发出勃勃生机。在以高等职业教育实践性教学改革为平台进行法律职业化教育改革的路径探索过程中，有一个不容忽视的现实问题：高等职业教育人才培养模式主要适用于机械工程制造等以“物”作为工作对象的职业领域，而法律职业教育主要针对的是司法机关、行政机关等以“人”作为工作对象的职业领域，这就要求在法律职业教育中对高等职业教育人才培养模式进行“辩证”地吸纳与深化，而不是简单、盲目地照搬照抄。我们所培养的人才不应是“无生命”的执法机器，而是有法律智慧、正义良知、训练有素的有生命的法律职业人员。但愿这套系列教材能为我国高等法律职业化教育改革作出有益的探索，为法律职业人才的培养提供宝贵的经验、借鉴。

2016年6月

婚姻家庭法作为调整特定的亲属之间人身关系和财产关系的法律，具有很强的理论性和实践性，婚姻家庭法学同时又是一门实用性很强的社会科学。高职教育应当紧密联系立法与司法实践，以培养学生分析和解决实际问题的能力。为实现这一目标，促进婚姻家庭法学教学水平的提高，增强学生的实践能力，配合辅助我院《婚姻家庭法原理与实务》教程，我们特编写了这本《婚姻家庭法实训教程》。

我们在婚姻家庭法教学各个环节强化基础理论的同时，着重突出教学的实践性，将实训案例引入课堂，并采取多种形式进行启发教学，以更好地适应高等职业教育改革的要求。本案例教程以模块和实训项目的结构形式，对婚姻家庭法律规范在适用过程中可能出现的问题，设典型案例，以基本理论为线索，以法律规定为基础，以具体问题为知识点，设置能力目标、实训案例、实训目标、实训方法、实训步骤、学理分析、实训巩固训练几个部分，体现了理论、法律、实践的结合，帮助学生理解法律规定的同时，启发学生运用法律解决具体案例的思路。

本实训教程结构新颖、内容简洁，紧密结合法律规定解析实例、说明法理，使学生能够一目了然。在每个项目的设计上都包括巩固训练案例和训练案例分析思路，目的就是给学生以充分的思考空间，启发学生运用理论与法律分析和解决实践问题。

本书由袁志丽（教授）、熊小琼（高级讲师）、黄惠萍（副教授）和陈宁（讲师）共同编著。具体分工为：袁志丽，模块一，模块二之实训项目四、实训项目五，模块三，模块四，模块七之实训项目四，附录三；熊小琼，模块五，模块六，模块七之实训项目一、实训项目二、实训项目三；

黄惠萍，模块二之实训项目一、实训项目二、实训项目三；陈宁，附录一，附录二。袁志丽对全书进行了修订、整理、统稿和审定。

本书在编写设计过程中，承蒙学院及法律系、教务处等部门的领导和老师的支持、帮助与指导，在此表示由衷的感谢！

鉴于我们初次编写实训教材经验不足，加之司法行业实践经验的缺乏，书中定然存在不足和疏漏。真诚希望广大师生批评指正，敬请各位读者提出宝贵意见，让这本教程更好地满足高职法学教育的需要。

编著者

2020 年 2 月 20 日

目录

模 块 一

亲属关系纠纷事务实训

实训项目一　配偶关系的法律事实认定及处理

能力目标

清楚配偶关系的产生和终止均基于一定的法律事实：因结婚而发生，因配偶一方死亡或双方离婚而终止。

实训案例

原告（女），系台湾居民，在广州从事宠物美容工作。被告（男），广东云浮人。原被告双方于2013年5月12日相识，于2015年1月发展为恋人关系。原告于2015年3月怀孕，并于同年4月告知被告其已怀有被告的孩子。双方于2015年5月1日在被告家乡举办结婚喜宴后，原告回台湾待产，双方因故未办理结婚登记。2015年12月27日，双方的儿子张某某出生。2016年1月11日，原告、被告补办了结婚登记。2018年10月8日，原告向人民法院提起离婚诉讼，经人民法院主持调解，双方达成离婚协议。人民法院制作离婚调解书后，原告于2018年12月10日签收了调解书，但被告于2018年12月12日前往法院签收离婚调解书的途中遭遇车祸死亡。被告死亡后，原告因继承问题与被告的父母发生纠纷，人民法院经审理认定：原被告双方的婚姻关系存续期间为2015年5月1日至2018年12月12日。

实训目标

通过案例的分析学习，掌握配偶关系发生、终止的法律事实的认定，并能根据法律规定处理配偶关系认定的有关纠纷。

实训方法

课堂讨论法、情景模拟法、角色扮演法、调解法。

实训步骤

1. 学生分小组讨论，根据案例素材，分析原被告的婚姻关系产生、终止的时间。

2. 学生讨论原被告补办结婚登记后，婚姻关系从何时起具有法律效力，受法律的保护，列举出依据的相关法律法规。

3. 学生对原告是否可以"以被告配偶的身份继承被告遗产"提出主张并进行辩论，形成对本案的处理意见。

学理分析

作为一种法律关系，配偶关系的发生主要有两种类型：一种是民事行为，一种是法律事实。登记结婚的法律事实是双方办理结婚登记的民事行为；事实结婚的法律事实是双方以夫妻名义同居的事实；配偶关系终止的法律事实，基于配偶一方死亡的事实或双方离婚的民事行为。上述案例中，人民法院的认定是否符合法律规定，应当以配偶关系的发生和终止的法律事实为依据加以确定。

本案中，人民法院认定原被告双方配偶关系发生于2015年5月1日、终止于2018年12月12日是正确的。配偶关系以结婚为发生原因，结婚行为是配偶关系发生的法律事实，包括登记结婚行为和事实结婚行为。登记结婚行为以结婚证取得的时间作为配偶关系发生的时间；1994年2月1日以前实施的事实结婚行为，以男女双方符合婚姻法所规定的结婚实质要件的时间作为配偶关系发生的时间；男女双方实施补办结婚登记行为的，结婚登记具有溯及既往的效力，配偶关系的发生时间溯及至双方符合婚姻法所规定的结婚实质要件时。

配偶关系终止的法律事实是配偶一方死亡或双方离婚。配偶自然死亡的时间，以医院死亡证明书确定的时间或户籍登记的死亡时间为准。宣告死亡的时间应以人民法院判决书中确定的失踪人的死亡日期为准；判决书中没有确定死亡日期的，则以判决书生效的日期为死亡日期。配偶双方离婚而终止婚姻关系时，协议离婚的，取得离婚证的时间为配偶关系终止的时间；诉讼离婚的，以人民法院准予离婚的调解书或判决书生效的时间作为配偶关系终止的时间。

本案例中，原被告双方未办理结婚登记即以夫妻名义同居生活，虽然同居生活时双方均符合婚姻法规定的结婚的实质要件，但因为双方缔结事实婚姻关系的行为发生在1994年2月1日后，所以不存在事实婚姻的认定。原被告双方于2016年1月11日补办结婚登记的行为，具有溯及既往的效力。补办结婚登记后，原被告双方的配偶关系不是自领取结婚证之日起发生，而应溯及至2015年5月1日，即双方符合婚姻法规定的结婚实质要件之日，因此人民法院关于原被告双方配偶关系发生时间的认定符合法律规定，是正确的。原被告双方配偶关系发生后，在婚姻关系存续期间，双方发生离婚纠纷，在离婚诉讼中原被告双方虽达成离婚协议，但因被告在签收离婚调解书前死亡，离婚调解书已没有通过被告签收生效的可能，因此双方的配偶关系终止的时间是被告死亡的时间，即2018年12月12日。因被告死亡时，离婚调解书尚未生效，原被告双方婚姻关系解除的效力尚未发生，因此，原告有权以配偶的身份继承被告的遗产。

实训巩固训练

【巩固训练案例】

2014年1月30日刘甲（男）与齐某（女）一同到当地婚姻登记管理机关办理了结婚登记，两人准备在2015年元旦举行婚礼。2014年10月，刘甲进入了选派出国人员名单，齐某不愿意其出国，并以离婚相威胁，刘甲对此置之不理，在相关手续办好后，于2014年12月前往英国留学。与此同时，齐某向法院递交了离婚起诉状。但天有不测风云，刘甲在去英国的飞机上突发脑溢血，经抢救无效去世，死前未留下任何遗言，但留有个人财产2万美元、住房一套、汽车一部。齐某以自己是刘甲妻子的身份要求继承全部遗产。此时，刘甲的父母早已去世，只有一个妹妹刘乙。刘乙要求与齐某平分刘甲的遗产，遭到齐某的拒绝。刘乙于是以“齐某已向法院递交了离婚起诉状”为由向法院起诉，要求法院将全部遗产判归自己所有。

【训练案例分析思路】

1. 刘甲与齐某的配偶关系何时发生？何时终止？
2. 刘乙能否继承她哥哥的遗产？
3. 根据案情，制作一份民事调解书。

实训项目二　血亲关系的法律事实认定及处理

能力目标

清楚我国法律上的血亲包括自然血亲和拟制血亲。血亲关系的发生和终止的时间，因血亲关系发生和终止的法律事实的不同而有差别。

实训案例

原告王甲（男）、被告丁某（女）于2000年经人介绍相识订婚，2003年1月11日依乡俗举行婚礼，2012年1月12日在德安县民政局补办结婚证书。被告丁某于2006年9月生下女儿王乙，于2012年11月29日生一男孩王丙，后经确认原告王甲不是该男孩的生物学父亲。原告在与被告多次协商未果的情况下，便诉至法院要求：①与被告离婚；②婚生女王乙随原告共同生活，被告承担一半的生活费用，儿子王丙随被告生活，由被告承担全部生活费用；③婚后共同财产全部归原告所有，债务各承担一半；

④被告赔偿原告精神损失费20 000元、抚养王丙的生活费33 600元、代养工资56 000元。被告同意与原告离婚，子女抚养尊重原告的意愿。儿子不是原告亲生，原告开始就知道，是原告让其生下来的，故原、被告的夫妻财产应依法平分。人民法院经审理根据《中华人民共和国婚姻法》第三十二条、第三十七条、第三十八条之规定，判决如下：

一、准予原告王甲同被告丁某离婚。

二、原、被告婚生女王乙随原告共同生活，被告每月承担400元抚养费，至其女能独立生活时止。儿子王丙随被告丁某共同生活，原告不负担抚养费。被告每月可在节假日探望其女儿4次。

三、原、被告夫妻共同财产位于金环星城商品房一套归被告所有，位于新集贸市场门面一间及1万元基金、奥克斯柜式空调一台、万宝冰箱一台、钱江125摩托车一辆归原告所有。

四、被告于判决生效后5日内给付原告精神损害赔偿金人民币20 000元，返还原告支付的儿子王丙的抚养费人民币33 600元。

五、驳回原告其他诉讼请求。

实训目标

通过对该案例的讨论，理解婚姻法律法规对血亲关系发生、终止的法律事实的规定，并能根据法律规定的血亲关系发生、终止的条件处理血亲关系认定的有关纠纷。

实训方法

课堂辩论法、制作案件处理意见书、调解法。

实训步骤

1. 根据案例素材，学生分组进行讨论，分析各种亲子关系的形成条件及本案中血亲关系产生、终止的法律事实。

2. 学生讨论：人民法院为什么没有支持“原告要求被告偿还其代养儿子王丙工资56 000元”的诉讼请求，列举出依据的相关法律法规。

3. 如果被告拒绝进行亲子鉴定，又无法提供谁是该男孩生物学父亲相应证据的情况下法院将如何作出判决？为什么？

4. 谁有权利主张偿还代养王丙期间的工资？应向谁主张？学生分组进行辩论，形成对本案的处理意见。

5. 将上述问题所体现的知识点整理分析，每组进行口头汇报。

学理分析

血亲关系的发生基于出生、收养或抚养教育等法律事实。血亲关系基于出生这一事件发生，其终止基于死亡这一事件；血亲关系基于收养行为产生的，其终止可基于死亡这一事件和解除收养的法律行为；继父或继母与继子女间的血亲关系的发生基于继父或继母对未成年继子女进行抚养教育的事实行为，其终止可基于死亡这一事件和解除抚养的行为。根据《民法典》第1072条第2款规定，继父或继母和受其抚养教育的继子女间的权利和义务，适用本法对父母子女关系的有关规定。

本案中，人民法院对“原告要求被告给付代养费”该项诉讼请求不予支持，是符合法律规定的，应当按照血亲关系产生的条件加以确定。法院在审理中查明：被告在生下儿子王丙后，夫妻常年在外打工，其子一直随原告父母在德安县高塘乡生活，原告父母为代养王丙付出了一定的心血和代价，理应得到补偿，但原告无权要求被告给付代养费，其诉讼主体不适格，根据血亲关系基于出生这一法律事实，可以要求王丙的生父补偿。

实训巩固训练

【巩固训练案例1】

2003年刘某8岁时其父去世，其母无力抚养，经登记程序被黄某夫妇收养。2016年刘某与养父黄某关系恶化无法共同生活，在亲友多次调解无效的情况下，双方协商解除收养关系。2017年刘某结婚并开始搞个体经营，生意红火，生活富裕。刘某母亲在刘某解除收养关系后多次要求恢复与刘某的母子关系，刘某一直不同意。2019年刘某生日当天因饮酒过多，发生车祸死亡。其母要求继承刘某的遗产遭到刘某妻子的拒绝。黄某夫妇闻听此事后找到刘某妻子，要求继承刘某的遗产。

【训练案例分析思路】

根据案情回答下列问题并说明理由：

1. 刘某与生母的母子关系因刘某的不同意能否恢复？其母可否继承刘某遗产？
2. 刘某与养父母的收养关系何时终止？
3. 黄某夫妇能否继承刘某的遗产？

【巩固训练案例2】

甲乙夫妇育有一子丙，丙不思进取、游手好闲，虽已成年但没有任何收入，经常向父母要钱用于玩乐，父母不给便打骂父母。甲乙无奈与丙协商，夫妇二人不用丙养老送终，从此也不再给丙一分钱，脱离和丙的关系。丙自此离开了家。几年后，甲的老伴乙去世，甲因伤心过度一病不起。这时有人告诉甲，可以要求丙履行赡养义务。

【训练案例分析思路】

1. 甲乙与丙之间的父母子女关系因双方的协商解除了吗？他们之间的协议是否

有效?

2. 甲能否要求丙履行赡养义务?找到相对应的法条以解决血亲关系终止的认定问题,分析血亲关系是否会因为一纸协议而灭失。

实训项目三　姻亲关系的法律事实认定及处理

能力目标

清楚我国法律上姻亲关系以婚姻的成立为发生原因,一般情况下,婚姻成立的时间为姻亲关系发生的时间;婚姻终止的时间为姻亲关系消灭的时间。

实训案例

李某的丈夫因病去世后,李某仍与其公公婆婆一起共同生活,由李某赡养并照顾他们衣食起居。5年后李某与王某再婚至王某处生活,虽不再照料原公公婆婆的日常生活,但继续承担原公公婆婆的生活费用。2017年10月20日原公公去世,留下遗产房屋一栋。李某主动参加原公公的葬礼并料理了他的后事。原公公的后事处理完毕后,老人的二儿子甲从新疆回来,现因该房屋的继承问题,李某与甲发生纠纷,甲以李某的女儿乙已代位继承了爷爷遗产为由否认李某对原公公遗产的继承权。李某向人民法院提起诉讼,要求确认其对原公公遗产的继承权。人民法院经审理认为,李某在丈夫去世后,对公公婆婆履行了主要赡养义务,有权继承公公的遗产,判决支持了李某的诉讼请求。

实训目标

通过对该案例的讨论,理解婚姻法律法规对姻亲关系发生、终止的法律事实的规定,能准确找到相对应的法条以解决姻亲关系问题。能准确分析案情,做到知识点理解透彻,阐述过程条理清晰。

实训方法

课堂辩论法、制作案件处理意见书、调解法。

实训步骤

1. 学生分小组讨论,根据案例素材,分析本案中李某的丈夫因病去世后李某和其公公婆婆的姻亲关系是否终止?

2. 学生讨论:人民法院为什么支持了李某的诉讼请求,列举出依据的相关法律法规。

学理分析

按照亲属法的一般原理，姻亲关系既因婚姻的成立而发生，自应因婚姻的终止而消灭。但各国立法就婚姻终止姻亲消灭的问题，没有固守亲属法的原理而采取了缓和的态度，姻亲关系并不因婚姻的终止而一概消灭，在一定条件下姻亲关系的效力继续发生。我国《婚姻法》未规定姻亲关系终止的原因。配偶一方死亡后，姻亲当事人双方是否仍保持姻亲关系，听其自便。但根据我国《继承法》的规定，丧偶的儿媳对公婆、丧偶的女婿对岳父母，尽了主要赡养义务的，不论再婚与否，均可作为公婆、岳父母的第一顺序法定继承人，且不影响其子女的代位继承。从其立法精神可见，姻亲关系不因配偶一方死亡而终止，也不因生存配偶一方再婚而终止。

本案中，人民法院依据《继承法》第 12 条“丧偶儿媳对公、婆，丧偶女婿对岳父、岳母，尽了主要赡养义务的，作为第一顺序继承人”和《最高人民法院关于贯彻执行〈中华人民共和国继承法〉若干问题的意见》（以下简称《继承法意见》）第 29 条“丧偶儿媳对公婆、丧偶女婿对岳父、岳母，无论其是否再婚，依《继承法》第 12 条规定作为第一顺序继承人时，不影响其子女代位继承”，支持了李某的诉讼请求，确认李某对遗产有继承权的判决符合法律规定。

实训巩固训练

【巩固训练案例】

方某（男）与沈甲（女）夫妇婚后无房，便居住在岳母梁某的房屋内，与梁某共同生活。婚后，方某与沈甲夫妻感情融洽，但难以和梁某相处，终因矛盾无法调和，方某、沈甲决定离婚。离婚后，方某即搬离梁某的住房，租房另居。两年后沈甲患抑郁症自杀身亡，梁某孤苦无依，其子沈乙也没有向梁某支付赡养费的能力。方某基于对沈甲死亡的内疚，主动承担了对梁某的赡养义务，梁某的生活费和医药费用均由方某承担。后梁某死亡，就梁某遗产的继承问题，方某与沈乙发生纠纷，方某向人民法院提起遗产继承权之诉。

【训练案例分析思路】

1. 方某与沈甲离婚后，方某与梁某的姻亲关系是否终止？

2. 在沈甲死亡后，方某对梁某履行了主要赡养义务，能否取得对梁某遗产的继承权？

3. 本案中沈乙没有向其母亲梁某支付赡养费是否就丧失了对母亲遗产的继承权？学生分组进行辩论，形成对本案的处理意见。

模 块 二

婚姻成立纠纷事务实训

实训项目一　结婚登记事务处理

能力目标

掌握结婚的形式要件，能具有辨明存在争议时，婚姻是否有效、何时有效的技能。

实训案例

兰某诉蓝某等民间借贷纠纷案〔1〕

蓝某、吕某于2008年1月5日开始以夫妻名义同居生活，于2018年5月19日补办了结婚登记。2018年4月和2019年4月，蓝某因资金周转困难先后向兰某借款20 000元和30 000元。此后，兰某曾多次向蓝某、吕某催还借款，但他们一直不予归还。吕某认为，2018年4月8日的20 000元借款是在其与蓝某登记结婚之前形成的，属于被告蓝某的婚前债务，自己不负有偿还责任。

问：蓝某、吕某补办结婚登记，婚姻关系的效力从何时起算？蓝某的婚前债务，吕某需不需要负有偿还责任？

实训目标

通过对真实案例的讨论，理解婚姻法律法规规定，依法办理结婚登记是我国婚姻成立的形式要件。通过课堂辩论，明晰补办结婚登记的，婚姻关系的法律效力从何时起算，并掌握制作案件处理意见书的写作要领。

---

〔1〕 案例来源：浙江省云和县人民法院（2010）丽云商初字第648号，有删减。

实训方法

课堂辩论，形成对本案的处理意见。

实训步骤

1. 学生分小组讨论，根据案例素材，分析蓝某、吕某的婚姻关系的性质。

2. 学生讨论蓝某、吕某补办结婚登记后，婚姻关系的效力从何时起具有法律效力，受法律的保护，列举出依据的相关法律法规。

3. 学生对吕某是否需要对被告蓝某 2018 年 4 月 8 日的 20 000 元借款负有偿还责任，提出主张并进行辩论，形成对本案的处理意见。

学理分析

当事人结婚不仅要符合法律规定的实质要件，还要履行法定的结婚程序，其婚姻关系才具有法律效力。

结婚的程序主要有登记制、仪式制、登记与仪式结合制。我国《民法典》规定，依法办理结婚登记是婚姻成立的法定程序，也是唯一的形式要件，除法律规定的特别情形外。

要求结婚的当事人必须向婚姻登记机关提出结婚，经过婚姻登记机关审查，符合结婚的条件，履行登记手续，婚姻即告成立。《民法典》第 1049 条规定，办理了结婚登记，发给结婚证。完成结婚登记，即确立婚姻关系。未办理结婚登记的，应当补办登记。

对于未办理结婚登记即以夫妻名义同居生活的，在法理上应视为婚姻不成立。这种结合不具有婚姻的法律效力。但基于对公民婚姻权利的保护，我国婚姻法允许符合婚姻实质要件的男女双方补办结婚登记。补办结婚登记的，婚姻关系的效力从双方均符合婚姻法所规定的结婚的实质要件时起。本案中蓝某与吕某符合婚姻缔结的实质要件，且补办了结婚登记，故蓝某、吕某二人的婚姻关系合法有效，其效力可以追溯至双方具有结婚实质要件时始。在此期间，蓝某向兰某所借款项，属于夫妻共同债务，应由夫妻双方共同偿还。

实行结婚登记，是国家对婚姻行为进行管理和监督的有效手段，也有利于保障婚姻自由、一夫一妻以及男女平等的婚姻制度的实施，可以更好地维护婚姻当事人的合法权益。通过男女双方亲自办理结婚登记可以有效防止包办、买卖婚姻以及重婚行为的出现。

实训巩固训练

请依据婚姻法律法规分析未办理结婚登记而以夫妻名义共同生活的男女，其婚姻是否合法有效，受法律保护。

【巩固训练案例 1】

刘某诉宋某离婚纠纷案[1]

2006 年，刘某和宋某相识并恋爱，2007 年未办理结婚登记便以夫妻名义同居生活，并有一子一女。后由于性格不合，二人常因家庭和经济问题产生矛盾。2018 年 1 月，刘某以夫妻关系名存实亡、感情确已破裂为由起诉要求与宋某离婚。

【训练案例分析思路】

1. 分析说明未办理结婚登记，法律上是如何认定其婚姻效力？

2. 分析案例中刘某和宋某未办理结婚登记便以夫妻名义同居生活，其婚姻是否具有法律效力？法院能否判决刘某和宋某离婚？

【巩固训练案例 2】

龙某诉田某解除同居关系案[2]

龙某与田某系同村人，双方确立恋爱关系后，按农村风俗习惯请了本村的李某某、龙某某作介绍人（媒人），双方于 2011 年 1 月 16 日按农村风俗结婚后共同生活，未到婚姻登记机关办理结婚登记手续。后因田某经常打骂龙某，致龙某多次因伤住院。2012 年 6 月 21 日，龙某向乐业县人民法院提起诉讼，要求与田某离婚。

【训练案例分析思路】

1. 案例中龙某与田某未办理结婚登记，按民间习俗举行仪式“结婚”后共同生活，是否具有法律上的婚姻效力？法院能否判决龙某与田某离婚？

2. 写一份案件处理意见书。

实训项目二　无效婚姻事务处理

能力目标

了解结婚的实质要件和形式要件，能判断无效婚姻的法定原因以及申请宣告无效婚姻的主体，培养学生能正确分析处理无效婚姻纠纷案件的审判技能。

---

〔1〕 案例来源：广东省佛冈县人民法（2008）佛法民初字第 116 号，有删减。

〔2〕 案例来源：广西壮族自治区乐业县人民法院（2012）乐民一初字第 454 号，有删减。

实训案例

巩某某请求确认其父与表姑的婚姻无效案[1]

巩某某的表姑赵某从国外回来后，与其父巩某来往密切，甚至发展到在外同居生活。巩某某的母亲不堪忍受，2003 年 1 月与巩某协议离婚，巩某某与母亲一起生活。2003 年 10 月，巩某被确诊为肝癌晚期，癌细胞已经扩散。这时巩某与赵某隐瞒了他们之间的近亲关系，于 2003 年 11 月办理了结婚登记手续，2004 年 4 月巩某去世。

巩某某无法接受父亲再婚的事实，出于各种因素的考虑，起诉至法院，请求确认父亲巩某与表姑赵某的婚姻关系无效。赵某辩称，其和巩某从小一起长大，上中学时就很要好，由于是亲戚一直不能结婚。巩某的婚姻是包办婚姻，最后离婚是必然的。办理结婚登记是其和巩某多年的愿望，结婚后自己以妻子的身份照顾他也更方便。现在巩某去世，婚姻关系也随之终止，法院没有必要再审理了，应当驳回巩某某的诉讼请求。

实训目标

通过真实案件的操作技能实训，使学生了解确立婚姻无效制度的重要意义；掌握婚姻无效的实质是欠缺结婚必备的实质要件，存在法定的无效原因；掌握婚姻无效应依诉讼程序判决结案；掌握婚姻被宣告无效的法律后果；培养学生分析、处理婚姻无效纠纷实务的技能和制作法律文书的写作要领。保护合法婚姻，预防和制裁违法婚姻。

实训方法

模拟法庭辩论，制作民事判决书。

实训步骤

1. 学生分别扮演原告、被告、审判人员等角色，对各自的主张进行模拟法庭辩论。
2. 学生讨论对本案应当如何处理，写出起诉状、答辩状。
3. 学生根据模拟法庭辩论结果制作民事判决书。

学理分析

无效婚姻是欠缺婚姻成立实质要件的违法婚姻，因而不具有婚姻的法律效力。《民法典》规定的结婚条件有，必须男女双方完全自愿，必须要达到法定婚龄，禁止直系血亲或三代以内的旁系血亲结婚，上述规定在性质上属于强制性规范而不是任意性规

〔1〕 巩沙、郝惠珍主编：《新版以案说法——婚姻家庭法篇》，中国人民大学出版社 2005 年版，第 12 页。

范，当事人是不能自行改变或者通过约定加以改变的。一旦违反，便将导致婚姻无效的后果。

申请宣告婚姻无效被认为是确认之诉，且在学理上通常被归为非讼案件。确认之诉是指民事主体请求法院确认其与对方当事人之间是否存在某种民事法律关系或者民事法律行为是否有效的诉讼。在婚姻无效之诉中，当事人请求法院确认的是其与对方当事人之间不存在法定婚姻关系，或者该相对人的婚姻行为因违法而无效，故申请宣告婚姻无效之诉，实为否定性确认之诉。

婚姻无效的情形可以分为绝对无效和相对无效两种，未达法定婚龄属于相对无效的情形，而重婚和有禁止结婚亲属关系的则属于绝对无效的情形。对以重婚为由申请宣告婚姻无效的，因重婚是严重违反一夫一妻制的行为，不应存在阻却事由，即无论申请宣告婚姻无效时，重婚者是存在两个婚姻关系还是只有一个婚姻关系，都应宣告其中一个婚姻无效，构成犯罪的，还应追究刑事责任。对以有禁止结婚的亲属关系为由申请宣告婚姻无效的，因亲属关系是当事人之间因出生或血缘关系而产生的特定身份关系，它不会随着时间的推移而消失，也不会人为的解除，因此，不存在阻却事由，即该婚姻无论经过多长时间和双方当事人是否有子女或不再生育，都应是绝对无效。〔1〕如果对不生育子女的具有禁止结婚的亲属关系的婚姻给予“豁免”，不宣告婚姻无效，将会使禁止近亲结婚的法律规定形同虚设，损害法律的权威性。

禁止一定范围内的血亲结婚是世界各国的立法通例，我国《民法典》第1048条也明确规定，直系血亲或三代以内的旁系血亲禁止结婚。第1051条规定，有禁止结婚的亲属关系的，婚姻无效。对于无效婚姻的一方或双方当事人死亡的情况，《最高人民法院关于适用〈中华人民共和国婚姻法〉若干问题的解释（二）》（以下简称《婚姻法解释（二）》）第5条规定，夫妻一方或者双方死亡后1年内，生存一方或者利害关系人依据《婚姻法》第10条的规定申请宣告婚姻无效的，人民法院应当受理。也就是说，虽然夫妻一方已经死亡，但人民法院根据利害关系人的申请就婚姻关系是否有效所作出的判决，对夫妻中生存一方与死者之间曾经拥有的配偶身份关系具有直接的拘束力。一旦该婚姻关系被宣告为无效，婚姻关系当事人中生存方原来依法享有的死者配偶的身份就会丧失，同时丧失其作为死者第一顺序继承人的身份，与死者亲属之间的姻亲关系也归于消灭。本案中，作为死亡一方子女的巩某某，出于各种因素的考虑，在巩某死亡后1年内，其作为利害关系人仍有权利向法院申请宣告其父和赵某的婚姻无效，人民法院应当受理。

有权申请宣告婚姻无效的主体包括婚姻当事人及利害关系人。根据《最高人民法院关于适用〈中华人民共和国婚姻法〉若干问题的解释（一）》（以下简称《婚姻法

〔1〕最高人民法院民事审判第一庭编著：《婚姻法司法解释的理解与适用》，中国法制出版社2003年版，第37页。

解释（一）》）第7条规定，有权依据《婚姻法》第10条规定向人民法院就已办理结婚登记的婚姻申请宣告婚姻无效的主体，包括婚姻当事人及利害关系人。以有禁止结婚的亲属关系为由申请宣告婚姻无效的利害关系人为当事人的近亲属。本案中当事人是三代以内的旁系血亲，虽然婚姻关系因当事人一方的死亡而终止，但由于无效婚姻的法律效力不仅及于当事人本人的人身关系，而且关系到当事人的财产关系，特别是关系到一方死亡后，另一方的继承权利。因此，有关无效婚姻的认定对生存一方以及当事人双方的近亲属有着重大意义。

审理结果为，巩某与赵某是表兄妹关系，系三代以内的旁系血亲，属法律禁止结婚的情形，其婚姻当属无效。他们的婚姻关系虽因巩某的死亡而终止，但双方三代以内旁系血亲的亲属关系永远不会改变。巩某某在父亲死亡后1年内请求法院确认其父巩某与赵某的婚姻无效，于法有据，应予支持，故宣告巩某与赵某的婚姻无效。

实训巩固训练

请依据婚姻法律法规规定的结婚的条件即结婚的实质要件和形式要件，掌握分析判断婚姻是否无效的法定原因以及解决无效婚姻问题的技能。

【巩固训练案例1】

原告殷某的父亲殷一与程某的母亲殷二系亲姐弟关系，殷某与程某之间系表兄妹关系，属三代以内的旁系血亲。1981年2月10日，由双方父母做主，殷某与程某办理了结婚登记。1982年12月12日殷某生育长子程甲，1983年11月30日殷某生育次子程乙，现二子均已成年。由于双方无感情基础，婚后双方感情一直不好。1996年起，殷某外出打工，殷某与程某分居生活至今。现殷某向法院起诉，要求解除其与程某之间的婚姻关系。[1]

【训练案例分析思路】

1. 从婚姻无效的法定原因分析判断殷某与程某的婚姻是否属于我国有关近亲结婚禁止的情形。

2. 法院能否判决殷某与程某离婚。

3. 写一份案件处理意见书。

【巩固训练案例2】

钱某与孙某于1995年9月28日结婚，婚后未生育。钱某结婚前患有“强迫症”，后发展为“精神分裂症”，为精神残疾人。孙某某是孙某的父亲。孙某于2008年7月25日猝死，生前未留遗嘱。孙某留有位于本市的一套房屋、存款人民币614 268元和戒指、项链、手表以及日常生活用品等财产。因双方对遗产继承意见各异，故钱某起诉要求依法析产、继承。诉讼答辩中，孙某某提出，钱某婚前隐瞒了精神残疾的情况，

〔1〕 杨立新主编：《婚姻继承法典型案例与法律适用》，中国法制出版社2014年版，第25~28页。

并请求法院认定钱某与孙某的婚姻属于无效婚姻，钱某不享有继承权。[1]

【训练案例分析思路】

1. 从婚姻无效的法定原因分析判断钱某与孙某的婚姻是否属于无效婚姻的情形。
2. 孙某某是否是申请宣告钱某与孙某的婚姻无效的合法适格主体。
3. 写一份判决书。

实训项目三　可撤销婚姻事务处理

能力目标

了解结婚的实质要件，掌握婚姻是否是可撤销婚姻的法定原因；掌握申请婚姻撤销的请求人及请求的法定期限；培养学生具备正确分析判断婚姻是否符合可撤销的情形并作出判决结论的实操技能。

实训案例

刘某请求撤销婚姻案[2]

王某与刘某经人介绍相识，在双方交往过程中，刘某发现王某性格十分暴戾，而且有吸毒恶习，遂多次提出与王某解除恋爱关系，但王某坚决不同意，并扬言如果刘某不与其结婚，其就要对刘某实施毁容并杀害刘某全家，还要把双方发生性关系的细节写出来，张贴到刘某所在单位和所居住的小区周围。2003 年 12 月，王某手持硫酸来到刘某家，逼迫刘某去办理了结婚登记手续。当晚王某强行将刘某带到其一个毒友家里，让该毒友为其二人主婚，随后将刘某锁在毒友家，不准她出门和上班，并多次强行与刘某发生性关系。

刘某家人因多日找不到刘某，遂向公安机关报案。一个月后，公安机关将刘某从王某的毒友家里解救出来，并依法对王某实施了拘捕，王某最终因非法拘禁罪和强奸罪被判刑。刘某住院治疗两个月后，向当地人民法院提起诉讼，请求撤销其与王某的婚姻。

实训目标

通过对实际案例的讨论，使学生加深对结婚条件的规定的理解；把握可撤销婚姻的概念，掌握可撤销婚姻请求权人的资格和请求时效及婚姻被撤销的法律后果，培养

---

〔1〕 杨立新主编：《婚姻继承法典型案例与法律适用》，中国法制出版社 2014 年版，第 25~28 页。

〔2〕 巩沙、郝惠珍主编：《新版以案说法——婚姻家庭法篇》，中国人民大学出版社 2005 年版，第 17 页。

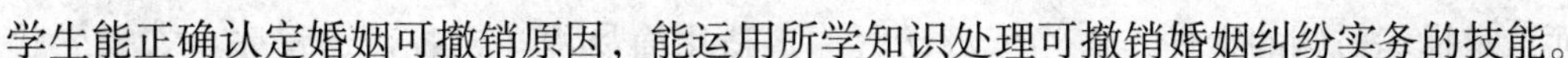

学生能正确认定婚姻可撤销原因，能运用所学知识处理可撤销婚姻纠纷实务的技能。

实训方法

案例讨论并写作案例分析报告。

实训步骤

1. 学生分组讨论，分析本案中王某与刘某的结婚行为是否合法、是否属于可撤销。
2. 学生根据案例讨论结果写作案例分析报告。

学理分析

这是因胁迫结婚而申请撤销婚姻的案件。

结婚，即婚姻的成立或婚姻的缔结，是指男女双方依照法律规定的条件和程序，确立夫妻关系的一种民事法律行为。而可撤销的婚姻，是指结婚当事人已经成立的、但因欠缺了婚姻成立的某些法定主观要件，结婚当事人可以通过法定程序请求解除而得以撤销的婚姻。欠缺的法定主观要件是指在婚姻成立的过程中，违反了当事人真实的意思表示，即并非完全自愿。《民法典》第 1046 条规定，结婚应当男女双方完全自愿，禁止任何一方对另一方加以强迫或任何组织或个人加以干涉。

可撤销婚姻是表面上看违反了当事人的意愿，但本质上违反了婚姻自由的原则，属于一方或者双方受胁迫，一方或双方当事人并无成立婚姻的合意，而是受到第三者或者对方的逼迫而成立的婚姻。可撤销民事行为发生于行为人的意思表示不真实的情形，依照《民法典》第 1052 条的规定，可撤销婚姻仅限于因胁迫而形成的婚姻的情形。所谓的“胁迫”，是指行为人以给另一方当事人或者其近亲属的生命、身体健康、名誉、财产等方面造成损害为要挟，迫使另一方当事人违背真实意愿而结婚的情况。因受胁迫而请求撤销婚姻的，只能是受胁迫一方的婚姻关系当事人本人。

《民法典》第 1052 条规定，因胁迫结婚的，受胁迫的一方可以向人民法院请求撤销该婚姻。受胁迫的一方撤销婚姻的请求，应当自胁迫行为终止之日起 1 年内提出。被非法限制人身自由的当事人请求撤销婚姻的，应当自恢复人身自由之日起 1 年内提出。规定当事人行使婚姻撤销权的期限，目的在于促使当事人及时行使请求权，以避免其婚姻关系长期处于不稳定的状态。《民法典》第 1052 条规定的 1 年期限属于除斥期间，它与诉讼时效不同，不适用诉讼时效有关中止、中断或者延长的规定。当事人向人民法院请求撤销婚姻关系，目的在于变更现存的婚姻关系，而非请求人民法院对某项事实和权利予以确认，不属于非讼案件。人民法院应根据案件的具体情况，分别适用简易程序或普通程序。

可撤销婚姻的程序，依据《民法典》第 1052 条的规定，受胁迫的一方可以向人民法院请求撤销该婚姻，即由人民法院宣判撤销婚姻。人民法院审理婚姻当事人因受胁迫而请求撤销婚姻的案件，应当依诉讼程序，适用简易程序或者普通程序。如果受胁迫而结婚的一方当事人在结婚登记或恢复人身自由1年后仍未提出撤销该婚姻申请的，视为该婚姻合法化。当事人无法继续共同生活的，可以按照离婚程序来处理。

在本案中，王某扬言如果刘某不与其结婚，其就要对刘某实施毁容并杀害刘某全家，还要把双方多次发生性关系的细节公之于众。在这种威胁和逼迫下，刘某违心与王某进行了结婚登记。刘某在获得人身自由后，马上向人民法院请求撤销该婚姻。法院经审查确实存在胁迫的事实，故依法判决撤销了王某与刘某的婚姻关系。

实训巩固训练

请依据婚姻法律法规规定的结婚的条件即结婚的实质要件和形式要件，掌握分析判断婚姻是否是可撤销以及解决可撤销婚姻问题的技能。

【巩固训练案例】

肖某与商某撤销婚姻纠纷案[1]

肖某、商某发生了性关系，商某拍摄了肖某的裸照、性爱视频，之后以公开裸照、视频为由，向肖某提出结婚要求。2011年2月28日，肖某、商某在上海市黄浦区民政局登记结婚，婚后双方未共同生活，也未生育子女。2011年10月11日，肖某向黄浦区人民法院提出申请，要求撤销其与商某的婚姻关系。

问：黄浦区人民法院应该如何处理该案？

【训练案例分析思路】

1. 分析当事人商某以公布裸体照片、性爱视频等威胁手段，强迫肖某与其登记结婚，是否构成了《民法典》第1052条规定的胁迫行为。

2. 明晰被胁迫者肖某申请撤销其与商某的婚姻关系是否超过了诉讼时效。

3. 制作一份判决书。

实训项目四　婚约纠纷事务处理

能力目标

了解婚约的性质及我国法律对婚约的态度及处理原则。

实训案例

男青年赵某与女青年王某经人介绍，于2017年12月订婚，订婚当日赵某的父母给

[1] 案例来源：上海市黄浦区人民法院（2011）黄民一（民）初字第3134号，有删减。

王某家“彩礼”9万元，赵某为王某购买了订婚戒指和名贵服装3套，价值人民币3万元。2018年8月，赵某与王某因性格不合产生矛盾，赵某主动要求解除婚约，终止恋爱关系，同时要求王某归还订婚期间赠与的财物。王某则认为，上述财物是赵某及父母无偿赠与的，赵某无权索回。在多次索要未果后，赵某向人民法院提起诉讼。问：王某所收彩礼是否应当返还？

实训目标

掌握正确处理司法实践中出现的婚约纠纷案件的方法，熟悉法律规定，学会调解纠纷。

实训方法

分析法、讨论法、情景模拟法、角色扮演法。

实训步骤

1. 任务提出：根据案例提出的问题进行思考。
2. 任务实施：边教边学边做，学生进行知识准备。
3. 任务解决：学生分小组讨论，提出解决方案。
4. 任务模拟：学生进行角色扮演，学习调解纠纷。
5. 任务评估：教师总结归纳，提出明确的解决方案。

学理分析

婚约是指男女双方以将来结婚为目的所订立的事先约定。订立婚约的行为称为订婚，订立婚约的当事人双方具有未婚夫妻的身份。我国《婚姻法》对婚约的内容没有进行规定，订婚不再是婚姻成立的必经程序，法律既不提倡订婚，也不禁止，是否订立婚约由当事人双方自行决定。即使双方订立婚约，婚约也没有法律效力，法律对婚约不予保护，不强制履行。只有双方完全自愿才能履行婚约；如果一方要求解除婚约，只需向对方作出意思表示即可，无需征得对方的同意，也无需经过法定的诉讼程序。因一方过错导致婚约解除，无过错方无权要求过错方赔偿因不履行婚约所遭受的损失。但是解除婚约，往往会引起当事人之间的财务纠纷，该纠纷则属于民法调整的财产关系的范畴，当事人诉至法院的，人民法院应当受理。现实生活中因解除婚约而导致的财产纠纷有多种情况，应区别对待。

1. 对属于包办买卖性质的订婚所收受的财物，应依法没收或酌情返还。

2. 对以订婚为名诈骗钱财的，原则上财物应归还受害人，实施诈骗行为，构成犯罪的，依法追究刑事责任。

3. 对双方或单方以结婚为目的实施的财物赠与行为，应当与一般的以价值转移为目的的赠与行为不同。婚约期间的赠与行为是为了促使婚约的履行，保证结婚目的的实现而为之。因此，对于这种附条件的赠与行为，在目的不能实现时，赠与人有权要求受赠方返还赠与物。但是须返还的赠与物，一般以价值较大且非消耗品为前提，已消耗的赠与物，不得请求返还。

4. 当事人一方按照习俗将彩礼交付对方的行为，如果婚约解除，一方请求返还已给付的彩礼的，如果查明双方未办理结婚登记手续的，人民法院应当予以支持。婚前给付彩礼的行为在我国大部分地区仍盛行，尤其在农村地区，彩礼已经成为男女双方确立恋爱关系的一种象征。因此，彩礼的给付往往基于当地的风俗习惯，是以结婚为目的的给付行为，如果双方解除婚约，不能结婚，彩礼理所应当退还支付的一方。

本案中，虽然财产权利已转移，但是产生财产转移的原因未发生，也就是说当事人赵某所期待的结婚目的不能实现，那么受赠人王某就缺乏占有彩礼的合法原因。据此，赠与人得请求返还之，受赠人则负有返还全部彩礼的义务。《婚姻法解释（二）》第 10 条规定："当事人请求返还按照习俗给付的彩礼的，如果查明属于以下情形，人民法院应当予以支持：①双方未办理结婚登记手续的；②双方办理结婚登记手续但确未共同生活的；③婚前给付并导致给付人生活困难的。适用前款第 2、3 项的规定，应当以双方离婚为条件。"所以本案赵某与王某未办理法律上的结婚登记，符合第一种情形，女方应当返还彩礼。

综上，彩礼是一方为与另一方在将来能缔结婚姻关系而为的赠与。也就是说，当事人送彩礼的直接目的是结婚，这种赠与行为不是单纯的以无偿转移财产为目的，而是一种附条件的赠与行为，是以婚约为条件的。

实训巩固训练

【巩固训练案例 1】

巫某于 2017 年 6 月 20 日向人民法院提起诉讼，请求判令方某返还婚约彩礼 30 472 元，并支付原告工时费 1500 元。一审法院查明，2016 年 8 月 13 日，巫某和方某经人介绍订婚见面，巫某母亲给付方某彩礼款 2000 元；2016 年 9 月 6 日，巫某和方某举行订婚仪式，巫某给付方某彩礼款 20 000 元。此外双方来往过程中互相给付有价值不等的财物，期间原告时不时到被告家帮助被告干农活，双方之间没有约定报酬。

【训练案例分析思路】

1. 原告以结婚为目的给予被告的大笔现金彩礼是否应当返还？

2. 因订立婚约而互赠的价值不大的财物婚约解除后需不需要返还？

3. 原告帮助被告干活能不能视为一种给付彩礼的形式，法院会予以支持吗？根据《婚姻法解释（二）》第 10 条的规定，婚约财产是否包含提供劳动力？

【巩固训练案例 2】

2017 年 2 月 28 日，谭甲经媒人介绍与姚某相识，后经双方父母同意订婚，订婚当日姚某接受谭甲赠送的金戒指一枚（价值1980元）、礼金2000元，同年4月30日谭甲与其伯父等人去姚家商量谭甲、姚某结婚事宜时给姚某带去耳环一副、项链一条（价值4000元）及彩礼款30 000元，双方家庭于当天约定谭甲、姚某（19岁）于同年5月2日举行结婚仪式。举行结婚仪式当天，姚某接受谭甲父母支付的“下车”礼金100元、“改口”礼金2200元、“压箱”礼金2000元。举行婚礼后姚某即与谭甲及其父母一起生活。由于姚某初到谭家生活难以适应加上已经怀孕，后出现感冒发烧浑身发抖、上吐下泻、流鼻血等症状，综合多方面因素，姚某在征得谭甲母亲同意后于5月22日服用药物进行流产。之后姚某继续在谭家生活并休养一个月，6月21日姚某在谭甲陪同下返回娘家。返家后第二天谭甲、姚某发生激烈争执，此后双方分居，现谭甲遂诉至法院请求姚某返还彩礼42 280元。

【训练案例分析思路】

1. 姚某未达法定婚龄，即按农村习俗与谭甲举行结婚仪式，双方关系如何认定？

2. 姚某接受的首饰、订婚礼金、“下车”礼金、“改口”礼金、“压箱”礼金及30 000元彩礼款，应如何认定？

3. 姚某订立婚约后同居期间怀孕又流产，其身心也受到极大伤害，综合本案情况，在解除同居关系时是否酌定姚某酌情返还为宜？

4. 出具一份调解意见书。

实训项目五　事实婚姻和补办结婚登记

能力目标

清楚我国事实婚姻经历的四个阶段及我国法律对待事实婚姻的态度和处理办法。

实训案例

甲男和乙女都是四川省屏山县大乘镇人。乙女，生于1968年。甲男，生于1966年。1987年两人经人介绍认识，甲男和乙女按照当地习俗举行了结婚仪式。由于居住在边远山区，交通极为不便，当地大多数人都不办理结婚登记手续。甲男与乙女也没有去民政部门办理结婚登记。婚后，二人育有两个女儿，女儿均已落户，且在户口簿上登记甲男和乙女为夫妻。2000年，甲男和乙女共同出资出力将其居住的旧屋拆除翻建为四间砖混结构房屋，房屋所有权登记在甲男名下。后因家庭琐事两人感情渐渐淡漠。乙女以双方感情不和为由向法院起诉离婚，要求分割房屋等共同财产。被告甲男答辩称，双方至今未办理结婚登记，其与乙女系同居关系，主张解除同居关系。

请问：甲男、乙女未办理结婚登记即共同生活是同居关系还是婚姻关系？

实训目标

通过阅读案情和查找相关法律条文，比较事实婚与同居关系的不同后果，对案件作出准确判断，运用“事实婚姻”的条件和后果解决司法实践中的案件纠纷。

实训方法

阅读法、讨论法、讲评法、调解法。

实训步骤

1. 任务提出：我国事实婚姻经历了哪几个阶段？现阶段我国对事实婚姻的态度是什么？

2. 任务解决：学生分小组讨论，提出各自意见。每个小组将本小组意见和形成该意见的理由向全班做介绍，与其他小组进行讨论、交流；各小组借鉴其他小组的优胜之处，对本小组的意见进行修改、完善，共同分析得出结论。

3. 任务评估：教师总结归纳，形成对本案的处理意见。

学理分析

我国结婚实行登记制，未经结婚登记的结合原则上不具有婚姻的法律效力。实践中，没有配偶的男女未经结婚登记即以夫妻名义共同生活的结合，称为事实婚姻。事实婚姻是否具有婚姻效力，我国区分不同情况作出了不同的处理。《婚姻法解释（一）》第5条规定，未办理结婚登记即以夫妻名义共同生活的男女，1994年2月1日前已经符合结婚实质要件的，该结合为事实婚姻，具有婚姻效力；1994年2月1日后才符合结婚实质要件的，应当补办结婚登记，否则按同居关系对待。本案中乙女和甲男在1994年2月1日前均已达到结婚年龄，没有禁止结婚的情形，符合结婚实质要件，双方的结合应认定为事实婚姻。甲男以未经结婚登记为由主张其与乙女之间的结合为同居关系的说法不成立，乙女有权提起离婚之诉。

一旦法院判决离婚，甲男和乙女之间的财产该如何分配？值得注意的是，未经结婚登记即以夫妻名义共同生活的男女结合认定为同居关系抑或事实婚姻关系，直接影响同居期间财产的归属确定。事实婚姻与经登记的婚姻关系一样，实行有限的法定夫妻共同财产制，即如无约定，凡在婚姻关系存续期间取得的财产，只要不能证明是个人财产，应认定为夫妻共同财产；同居关系则与此不同，如无约定，在同居期间取得但登记在一方名下的财产，只要不能证明是双方共同所有的，应认定为个人财产。据此，本案中甲男和乙女在2000年共同出资出力翻建的四间房屋应认定为夫妻共同财产，离婚时乙女原则上有权分得一半财产。

实训巩固训练

【巩固训练案例 1】

1992 年 11 月，姜某（女）与余某双方经人介绍相识。不久，在未领取结婚证的情况下，双方按当地风俗举行了结婚仪式。1993 年，他们生育一对双胞胎。从 1996 年起，姜某与余某因生活琐事时有争吵，余某殴打姜某，双方关系开始恶化。2000 年 8 月，姜某之父带姜某回家，双方开始分居。2001 年 10 月 22 日，姜某诉至法院，要求解除其与余某的非法同居关系，分割双方在同居期间的共同所得，由姜某抚养两子女中的一个。法院受理后，经多方做工作，双方最终同意和好。承办法官按照《婚姻法》第 8 条中“未办理结婚登记的，应当补办登记”的规定，及时告知他们应到当地婚姻登记机关补办结婚登记。11 月 22 日，姜某与余某领取了结婚证。[1]

【训练案例分析思路】

（一）知识准备：事实婚姻及其对策

1. 我国对事实婚姻的态度：

（1）承认阶段，1949 年 10 月~1989 年 11 月 21 日；

（2）限制承认阶段，1989 年 11 月 21 日~1994 年 2 月 1 日；

（3）不承认阶段，1994 年 2 月 1 日至今。

2. 我国法律对事实婚姻的处理：

（1）1994 年 2 月 1 日民政部《婚姻登记管理条例》公布实施以前，男女双方已经符合结婚实质要件的，按事实婚姻处理。

（2）1994 年 2 月 1 日以后，《婚姻登记管理条例》第 24 条规定：“未到法定结婚年龄的公民以夫妻名义同居的，或者符合结婚条件的当事人未经结婚登记以夫妻名义同居的，其婚姻关系无效，不受法律保护。”需要注意：1994 年 2 月 1 日后男女双方以夫妻名义同居的，虽然不承认事实婚但并不影响事实重婚罪的构成。1994 年 12 月 14 日最高人民法院［1994］10 号文件作了规定，即《婚姻登记管理条例》发布施行后，有配偶的人与他人以夫妻名义同居生活的，或者明知他人有配偶而与之以夫妻名义同居生活的，仍应按重婚罪定罪处罚。

3. 认定为事实婚与认定为同居关系的不同后果：

（1）解除关系的处理程序不同；

（2）共同生活期间的财产性质不同；

（3）所生子女的社会地位不同；

（4）一方死亡后的遗产继承身份不同。

4. 补办结婚登记及其效力：《婚姻法》第 8 条规定：“……未办理结婚登记的，应

［1］案例来源：（2009）株中法民一终字第 35 号。

当补办登记。"《婚姻法解释（一）》中规定，1994 年 2 月 1 日民政部《婚姻登记管理条例》公布实施以后，男女双方符合结婚实质要件的，人民法院应当告知其在案件受理前补办结婚登记；未补办结婚登记的，按解除同居关系处理。补办结婚登记的，婚姻关系的效力从双方均符合婚姻法所规定的结婚的实质要件时起算。

（二）任务解决：学生分小组讨论，提出解决方案

（三）任务评估

1. 教师总结归纳，提出明确的解决方案。姜某与余某因未办理结婚登记手续，不属于合法有效的婚姻。但该地很多人结婚都只按风俗习惯举行婚礼，不进行结婚登记。依据我国《婚姻法》及相关司法解释的态度，对此不主动干预，也不承认其效力。一般法院在审理这类案件过程中，亦不认可其婚姻的合法性与有效性，但是为避免产生抵触情绪，仍参照有效婚姻的处理原则处理子女抚养及财产分割问题。通常为了避免在裁判文书中认定其婚姻无效，法院对该类案件会加大调解力度。本案中，法官大力促成双方的调解，最终姜某与余某达成一致意见，双方同意和好并领取了结婚证，调解结案。如此，既照顾了当事人的情面，也不违背法律的规定。

2. 根据本节课任务完成程度，及任务本身的简单与复杂程度，评估学生达到教学目标的程度。

【巩固训练案例 2】

2005 年 5 月 8 日，曹某（女，20 周岁）与沈甲（男，23 周岁）举行了盛大的结婚仪式后即以夫妻名义共同生活，婚后生有一女沈乙。沈甲对曹某生女心怀不满，夫妻感情出现裂痕。后沈甲逼曹某再生一男孩遭到拒绝，双方感情恶化致分居生活。分居期间，沈甲因父去世继承遗产 50 万元。2008 年 1 月 20 日，沈甲向人民法院起诉离婚。案件受理前，人民法院告知沈甲补办结婚登记，但沈甲没有去补办登记手续。曹某同意离婚，但对沈甲继承所得的 50 万元提出分割请求。人民法院经审理认定，曹某与沈甲双方为同居关系，不适用离婚程序，法院不予处理；沈甲继承所得 50 万元为其个人财产，曹某无权分割。

【训练案例分析思路】

1. 本案中，人民法院的判决是否正确？未办理结婚登记而以夫妻名义公开同居生活的男女两性结合，在同居期间一方能否向人民法院提起离婚诉讼？

2. 双方的关系是事实婚姻关系还是同居关系？

3. 法院受理前，告知沈甲去补办结婚登记，但沈甲在规定的时间内未能补办，双方的同居关系是否适用离婚程序？

4. 沈甲继承所得的 50 万元遗产应如何处理？

附 1：

申请结婚登记声明书

本人申请结婚登记，谨此声明：

本人姓名：______　性别：______　国籍：______　民族：______

身份证件号：____________　职业：________________　文化程度：________

常住户口所在地：________________　婚姻状况：______（未婚　离婚　丧偶）

对方姓名：______　性别：______　国籍：______　民族：______

身份证件号：________________　职业：________________　文化程度：______

常住户口所在地：________________　婚姻状况：______（未婚　离婚　丧偶）

本人与对方均无配偶，没有直系血亲和三代以内旁系血亲，了解对方的身体健康状况。现依照《中华人民共和国婚姻法》的规定，自愿结为夫妻。

本人上述声明完全真实，如有虚假，愿承担法律责任。

声明人：__________　__________年__________月________日

监誓人：__________　__________年__________月________日

（注：声明人签名须在监誓人面前完成。）

附 2：

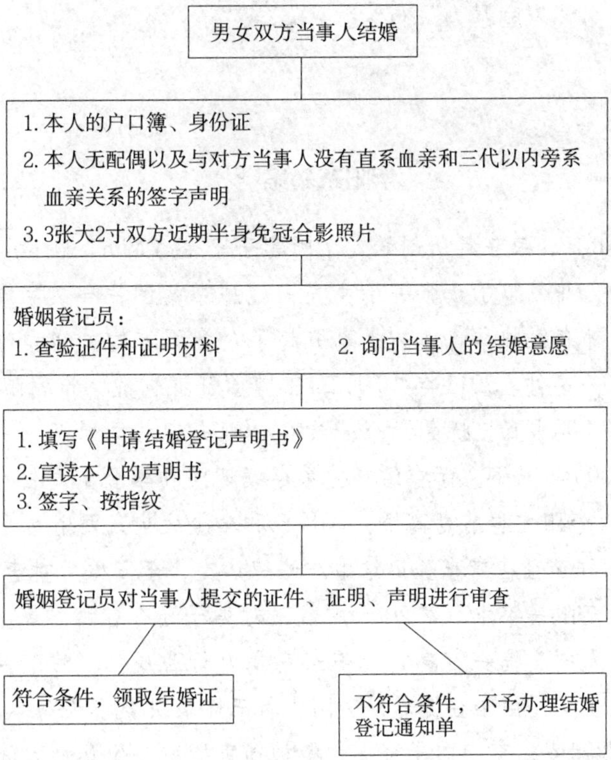

男女双方当事人结婚

↓

1. 本人的户口簿、身份证
2. 本人无配偶以及与对方当事人没有直系血亲和三代以内旁系血亲关系的签字声明
3. 3张大2寸双方近期半身免冠合影照片

↓

婚姻登记员：
1. 查验证件和证明材料　　2. 询问当事人的结婚意愿

↓

1. 填写《申请结婚登记声明书》
2. 宣读本人的声明书
3. 签字、按指纹

↓

婚姻登记员对当事人提交的证件、证明、声明进行审查

↓

符合条件，领取结婚证 ｜ 不符合条件，不予办理结婚登记通知单

图 2-1　中国公民办理结婚登记流程图

模 块 三

夫妻关系纠纷事务实训

实训项目一　夫妻人身关系事务处理

任务一　家庭暴力纠纷

能力目标

能准确认定何为“家庭暴力”行为。

实训案例

李阳家暴案[1]

2011年8月31日，疯狂英语创始人李阳妻子李金（Kim）在微博上公开曝光李阳对她实施家庭暴力，并公布了数张关于丈夫向她施暴的图片和文字照片，照片上其头部、耳朵、膝盖处都有红肿和流血，此事引起了众多网友的关切和谴责，人们用“疯狂”来形容这次家暴事件。2011年10月24日李金正式向北京市朝阳区人民法院起诉，要求与李阳离婚，并要求直接抚养三个子女，分割夫妻共同财产。法院查明，李阳曾和前妻离婚后于2000年复婚，而在婚姻关系存续期间和李金生育长女并在美国登记结婚。直至2006年，李阳才和前妻离婚，前后已和李金又生育两个女儿。

2010年，李阳和李金在广东登记结婚。法院认定，李阳婚后对李金进行多次殴打。不仅有家庭暴力，李阳一年才回家20天左右，对妻子还存在精神暴力。2013年2月3日，北京市朝阳区人民法院一审宣判李阳家庭暴力行为成立。法院判决：准予李阳和妻子李金离婚；三个女儿由李金抚养，李阳支付三个女儿抚养费每人每年10万元，直至她们分别年满18周岁；李阳向李金支付精神损害抚慰金5万元、财产折价款1200万

---

〔1〕案例来源：“李阳妻子不堪疯狂家暴诉离婚 要求分割财产”，载大秦网、腾讯网。

元。长达一年的“疯狂英语”创始人李阳与外籍妻子李金的同居纠纷、离婚纠纷一案终于尘埃落定。

实训目标

通过查找相关法律条文，能对该案作出准确判断，并明确“家庭暴力”行为应当如何举证。

实训方法

课堂讨论法、点评法。

实训步骤

1. 任务提出：

（1）你觉得现在我们的社会文化允许这种暴力现象存在吗？

（2）从李阳家庭暴力案出发谈谈我国婚姻法对家庭暴力的规定及救助措施。

2. 任务解决：学生分小组讨论，提出各自的意见。每个小组将本小组意见和形成该意见的理由向全班做介绍，与其他小组进行讨论、交流；各小组借鉴其他小组的优胜之处，对本小组的意见进行修改、完善，共同分析得出结论。

3. 任务评估：教师总结归纳，形成对本案的处理意见。

学理分析

因为受“家丑不可外扬”“这是别人的家务事”等传统观念的影响，家暴事件发生以后，真正能够在检察机关立案的很少。家暴中的受害人获得赔偿，施暴者获得应有的惩罚更是无从谈起。可以说，李阳被认定构成家庭暴力，彰显了法律的正义，体现了我国对家暴说“不”的法治立场。

其次，法院判定三个女儿归李金抚养，体现了很大的合理性。虽然从法律上讲，男女双方离婚以后，都有获得子女抚养的权利。但我们也应该看到，抚养孩子需要家长的爱心和耐心。而李阳作为施暴者，他在家庭中担当的角色显然受到质疑。正如有网友说，李阳不“配”当一个父亲。虽然施暴者不宜抚养子女，目前我国相关法律并没有这样的规定，但是法院这样的判决，显然是在向社会传递一种信号：子女的抚养权，应该考虑给能够为未成年人创造良好的家庭环境的一方。李阳家暴案也极有可能作为一个典型判例，给今后类似家暴案的审判带来积极的影响。

本案诉讼期间，李阳多次发送威胁短信，李金多次向公安机关报案，后来向法院提交了人身安全保护申请。法院经过慎重研究，认为李金的该项申请是符合法律规定的，所以依法出具了人身安全保护裁定。据了解，这是2012年《民事诉讼法》实施后，北京市的人民法院发出的首个“人身安全保护令”。

实训巩固训练

请分析法庭出具的人身安全保护裁定是否妥当，为什么？

【巩固训练案例1】

丈夫有外遇妻子遭殴打[1]

海珠区人民法院民庭2014年审结的一宗离婚案中，原告妻子阿晴（化名）、被告丈夫阿伟（化名）于2001年经人介绍认识，于2002年登记结婚。原告阿晴称，她为了家庭稳定及更好地照顾小孩，辞掉工作，全心全意照顾家庭。但从2012年开始，她发现丈夫经常很晚才回家，甚至夜不归宿，后来证实丈夫有了婚外情。阿晴称，自从她发现丈夫有婚外情后，丈夫开始对她进行经济封锁，并多次对她实施家庭暴力。2012年8月7日，丈夫因家庭琐事狠狠打了她一巴掌，导致她左耳外伤。2012年8月9日，丈夫再次对她实施家庭暴力，致使她身体多处受伤。为此，阿晴曾两次到广东省妇女联合会请求对丈夫实施家暴的行为进行教育，并于2012年9月15日向法院提起离婚诉讼，要求赔偿精神损害抚慰金6万元。

问：海珠区人民法院应该如何处理该案？

【训练案例分析思路】

1. 分析尽管阿伟否认存在家庭暴力，但承认打过阿晴一巴掌，是否构成了婚姻法上的暴力行为？

2. 根据阿晴提供的向妇联和居委会的求助记录，以及阿晴出具的录音记录中阿伟称“做得不对就要打”等证据，法院是否可以认定阿伟的确存在家庭暴力行为？

3. 对阿晴向法院提起的离婚诉讼和索赔6万元精神损害抚慰金的要求，法院应否支持？

【巩固训练案例2】

卓某申请人身保护案[2]

申请人卓某于2013年3月18日起诉至广州市越秀区人民法院称，其与被申请人于某于2011年5月23日登记结婚，婚后没有生育子女（申请人与前夫育有一子）。被申请人曾对申请人先后于2012年9月某日凌晨、2012年12月16日、2013年2月26日、2013年3月1日中午、2013年3月11日实施过多次殴打、限制人身自由、暴力威胁、侮辱、谩骂和恐吓等家庭暴力行为，期间申请人曾多次报警。

申请人因此申请法院作出裁定：①禁止被申请人殴打、威胁申请人、申请人的儿

[1] 案例来源：广州审判网，2014年3月10日。

[2] 案例来源：广州市越秀区人民法院（2013）穗越法民一初字第1310号。

子及申请人的父母姐妹；②禁止被申请人骚扰、跟踪申请人、申请人的儿子及申请人的父母姐妹；③责令被申请人搬出广州市越秀区越秀南路××××号房；④禁止被申请人在广州市越秀区越秀南路××××号房即申请人居住区200米范围内活动；⑤责令被申请人自费接受心理治疗。

【训练案例分析思路】

1. 掌握家庭暴力的认定方法。

2. 学习人身保护裁定的法律依据：最高人民法院发布的《涉及家庭暴力婚姻案件审理指南》及《民事诉讼法》第100条第1款对行为保全作出的明确规定。

3. 分析本案在司法实践中的指导性意义。

任务二　忠诚协议纠纷

能力目标

能准确理、解领会忠诚协议的有效条件，掌握存在争议时协议是否有效、何时有效的技能。

实训案例

夫妻忠诚协议有效吗？

2014年5月，刚到不惑之年的高某经人介绍与28岁的孙某相识。同年10月，他们共同购置了一套120平方米的新房并走进婚姻殿堂。因高某离过两次婚，初婚的孙某便与高某签订了一份婚姻忠诚协议：婚后任何一方有外遇或不忠诚于对方，夫妻共同购买的房屋则归无过错方所有。2016年3月，高某在外做香菇生意时结识一女子，不久两人同居。孙某知道后，苦心规劝无果。2017年3月，孙某想到了那份婚姻忠诚协议，当即诉至法院，请求与高某离婚，房子归自己所有。

实训目标

通过对真实案例的讨论、课堂辩论，掌握处理案件的流程及方法。

实训方法

角色扮演法、互评法。

实训步骤

1. 学生分小组讨论，根据案例素材，分配角色，分析高某、孙某的忠诚协议的性质。

2. 学生以组为单位，按照角色进行模拟练习。讨论高某、孙某离婚案件的起因、经过及处理结果，列举出依据的相关法律法规。

3. 学生对本案提出主张并进行辩论，形成对本案的处理意见。

4. 实训完毕，学生进行自评和互评。

5. 教师对实训情况进行点评。

学理分析

法院审理后认为，双方感情已不可挽回，孙某提出离婚，高某同意离婚，但不愿履行忠诚协议，认为那是当时让孙某高兴的一种轻率举动。法院认为，孙某与高某签订的婚姻忠诚协议是双方真实的意思表示，且双方均为完全民事行为能力人，对违反协议的不利后果都有能力预见和面对，故该婚姻忠诚约定可视为夫妻双方在离婚时的书面共同财产分割协议，对双方都有法律约束力。法院遂依据有关法律规定作出判决，准予高某与孙某离婚，房屋归孙某所有。

关于夫妻忠诚协议，最具代表性的案例是上海市闵行区人民法院 2002 年的全国首例“忠诚协议”案：原告曾某（男方）离婚后通过征婚，与也曾离异的贾某（女方）相识。经过短暂的接触，几个月后双方登记结婚。由于两人均系再婚，为慎重起见，2000 年 6 月，夫妻俩经过“友好协商”，签署了一份“忠诚协议书”。协议约定，夫妻婚后应互敬互爱，对家庭、配偶、子女要有道德观和责任感。协议书中还特别强调了协议双方的违约责任：若一方在婚期内由于道德品质的问题，出现背叛另一方的不道德的行为（婚外情），要赔偿对方名誉损失及精神损失费 30 万元。协议签订后，在婚姻存续期间，贾某发现曾某与其他异性有不正当关系。2002 年 5 月，曾某向法院提出离婚诉讼。贾某则以曾某违反“夫妻忠诚协议”为由提起反诉，要求法院判令曾某支付违约金 30 万元。法院经过审理，依据双方达成的忠诚协议，判决曾某支付贾某违约金 30 万元。后曾某不服提起上诉，二审经法官调解，上诉人与被上诉人达成了调解协议，曾某向贾某支付 25 万元。〔1〕由于该案影响较大，引起学界对“忠诚协议”效力的争议，后上海市高级人民法院出具了《上海市高级人民法院民一庭民事法律适用问答选登（二）》，实际上又否认了夫妻忠诚协议的效力。2007 年北京市房山区人民法院的一个判例又认可了夫妻忠诚协议的效力。〔2〕由此可见，实践部门对有关夫妻忠诚协议的看法也是意见不同，加之我国《婚姻法》及其司法解释对此并没有提及，很多学者对此也持不同看法。但是我们认为，夫妻双方的忠诚协议并非只属于道德范畴，它应不违反法律和行政法规的强制性规定，不违背公序良俗，原则上应当认可忠诚协议

---

〔1〕安丽：“夫妻忠诚协议之效力分析”，载法律快车网，http：//www.lawtime.cn/article/lll35229033527997oo81360.

〔2〕张静：“浅议夫妻忠诚协议的效力”，载中顾法律网，http：//www.9ask.cn/blog/user/zhangjinglaw/archives/2011/262786.html.

的效力，以利于建设诚信和谐的夫妻家庭关系。

实训巩固训练

【巩固训练案例】

李某与王某系自由恋爱，后于2017年5月在北京市某区登记结婚。婚后，李某发现王某与一女子关系暧昧，并有过性关系。李某痛不欲生，要与王某离婚。王某跪下求饶，并表示愿意痛改前非。在双方父母的调解下，王某出具保证书一份，保证书内容如下：

保证书

我（王某）做了对不起妻子李某的事情，我非常后悔，决心要痛改前非。我以后绝不再做对不起李某的事，决不再打骂妻子，听妻子的话，否则，放弃所有的共同财产。

保证人：王某

2018年3月5日

【训练案例分析思路】

1. “夫妻应当互相忠实”是不是法律义务？
2. 把握忠诚协议与保证书的区别。
3. 分析本保证书在司法实践中的效力及指导意义。

任务三　同居、忠实义务纠纷

能力目标

掌握夫妻之间因违背同居、忠实义务应承担的法律责任，注意把握和家庭暴力认定的不同。

实训案例

妻子装摄像头“拍丈夫不忠视频”[1]

男子阿牛（化名）与妻子阿芳（化名）于2006年登记结婚。在阿芳生下儿子后不久，夫妻俩因为性格不合一度协议离婚，后又复婚。后来阿芳通过在家中安装监控探

---

[1] 案例来源：广州审判网，有删减。

头，拍到丈夫与其他女性一起在家中更衣沐浴等婚外情情形，坚决地提出了离婚，除要求分割房产、车子等财产外，还要求阿牛承担精神损害抚慰金10万元。

实训目标

能够独立运用婚姻家庭法的相关知识完成关于因违反夫妻忠实义务导致离婚等行为的相关法律事务的咨询。

实训方法

法律咨询，形成对本案的处理意见。

实训步骤

1. 任务提出：从该案出发，谈谈我国婚姻法对夫妻之间同居、忠实义务的规定及救助措施。

2. 任务布置：学生进行分组，确定参与人员的角色，根据案例素材，各组分析案情，准备证据，进行咨询方案设计。

3. 指导老师指导学生分析案情，研究事实和证据，指导学生制定咨询设计方案。主要从以下六个方面设计：

（1）会见目的；

（2）咨询要点；

（3）可能涉及的问题及解答；

（4）本案的相关证据；

（5）方案利弊分析；

（6）可能遇到的意外以及应对措施。

4. 任务评估：教师总结归纳，形成对本案的处理意见。

学理分析

所谓忠实，也称为忠诚，主要指贞操义务。其内容包括：①专一的夫妻性生活义务即贞操义务；②不得恶意遗弃配偶；③不得为第三人利益损害和牺牲配偶的利益。在范围上，它只要求夫妻双方在婚姻关系存续期间，应当相互忠实，在婚前的行为则属于个人行为，不在此列。婚姻关系一旦解除，双方不再履行相互忠实的义务。

本案中一审、二审法院均对丈夫阿牛在婚姻存续期间，违反夫妻忠实义务导致离婚的行为，认定存在一定过错，故判阿牛承担精神损害抚慰金5万元。

法院在审理因违反夫妻忠实义务导致离婚的案件中，经常碰到当事人一方怀疑配偶存在出轨、不忠实的反常行为，这种怀疑是符合配偶身份的自然反应。但经法院查证后，有足够证据证明确实存在不忠实的却很少。主要原因是当事人证据意识淡薄，没有及时向有关部门反映，也没有足够的书面证据，再想追究对方民事责任时，由于时过境迁，很难举证，法院因此也无法认定对方是否有不忠实行为。证据意识淡薄，维权难获支持。这些受害人虽然提及对方违背忠实义务，但一般都只是作为离婚的理由，只有少部分人提起损害赔偿。

值得提醒注意的是，无过错方在离婚诉讼中，无论是作为原告还是作为被告，都可以提出损害赔偿请求。

实训巩固训练

【巩固训练案例1】

韩某诉王某、罗某精神损失赔偿案[1]

王某（男，32岁，个体工商户）与韩某（女，30岁，某厂职工），双方经人介绍认识，恋爱3年后，于2000年3月结婚，婚后生有一子。2006年，王某承包了一家家具厂，从事家具加工业务。由于王某经营有方，取得了很好的经济效益。随着工厂盈利的增加，王某开始出入一些灯红酒绿的场所并逐渐染上了一些不良的生活习惯，且与一有夫之妇罗某关系密切，于2010年起经常发生性关系。此事家具厂几乎人人皆知。韩某多次劝丈夫洁身自爱，断绝与罗某的交往，但王某执意不听。2011年12月，韩某以王某违反《婚姻法》第4条“夫妻应当互相忠实，互相尊重；……”的规定和罗某侵犯其配偶权为由，到法院提起诉讼，要求责令王某停止与罗某的不正当关系并赔礼道歉，判令罗某停止侵害并赔偿精神损失费1万元。

【训练案例分析思路】

1. 在婚姻关系存续期间，韩某能否以王某违反《婚姻法》第4条的规定为由提起诉讼？

2. 韩某能否要求“第三者”罗某给予精神损害赔偿，是否会得到法院的支持？

3. 制定一份咨询设计方案。

【巩固训练案例2】

一男看到妻子经常以散步为由外出背着自己打电话，怀疑妻子有外遇，一次他半夜醒来，发现妻子躲在被窝里用手机不停地发微信，遂趁妻子不备拿上她的和自己的身份证、结婚证到通信公司查询并打印了妻子近两个月以来的话费清单，发现妻子果然跟一手机号码的主人频频联系，后又进一步在通信公司核查，查出该手机号码主人叫张某，现今29岁。妻子知道了事情的来龙去脉后以隐私权受到侵犯为由，将丈夫和通信公司告上法庭，索赔精神损失5万元。

---

〔1〕参见陶毅主编：《婚姻家庭与继承法学案例教程》，知识产权出版社2003年版，第79页。

【训练案例分析思路】

1. 通信公司的话费清单是否属于公民隐私权的范畴?

2. 通信公司在验证了夫妻的身份证和结婚证后，给此男子打印话费清单，是否尽到了谨慎审查的义务?

3.《婚姻法》中明文规定夫妻之间有相互忠实的义务，妻子的反常行为是否违背了忠实义务？丈夫对妻子反常行为的怀疑及打印清单行为是否在配偶身份权的合理知情权范围之内?

任务四 日常家事代理权纠纷

能力目标

了解日常家事代理权的制度，注意与法定代理、委托代理的区别。

实训案例

日常家事代理案[1]

2005 年刘某购买了一套 100 平方米的商铺，交由丈夫张某负责管理。2010 年 6 月，张某与邻居齐某签订了房屋租赁合同，约定将商铺租给齐某经营，租期 5 年，每年租金为 6 万元。2010 年 12 月 1 日刘某找到齐某要求提高商铺租金，被齐某拒绝，刘某遂称租赁房屋未经其本人同意，故该租赁协议无效，要求收回商铺。双方协商未果后，刘某诉至法院，要求确认齐某与丈夫张某签订的房屋租赁合同无效。

请问：张某代理妻子刘某签订房屋租赁合同的行为是否有效?

实训目标

通过真实案件的操作技能实训，使学生了解日常家事代理行为的重要意义；通过查找法律条文，学会依照法律处理日常纠纷。

实训方法

讨论法、辩论法、互评法。

实训步骤

1. 学生分组进行讨论，先在本组形成意见。重点讨论内容为：准确认定何为“日常家事代理行为”，比较其与法定代理行为、委托代理行为之异同；查找相关法律

---

〔1〕 参见杨大文、龙翼飞主编:《婚姻家庭法》，中国人民大学出版社 2018 年版，第 113 页。

依据。

2. 各小组进行交流，阐述本组意见，并共同分析得出结论。

3. 根据相关法律规定，对该案作出准确判断。

学理分析

本案涉及日常家事代理制度。传统亲属法中的日常家事代理，是指夫妻一方在日常家庭事务范围内与第三人为民事法律行为时，可代替另一方行使权利。因此，只要属于日常家事的开支，夫妻任何一方都有家事方面的单独处理权。也就是说，夫或妻就日常家事需与第三人发生法律行为时，无需得到对方授权，也不必以对方名义为之，该行为的法律后果直接约束夫妻双方。

我国《婚姻法解释（一）》第17条第1项规定："……因日常生活需要而处理夫妻共同财产的，任何一方均有权决定。"第17条第2项规定："夫或妻非因日常生活需要对夫妻共同财产做重要处理决定，夫妻双方应当平等协商，取得一致意见。他人有理由相信其为夫妻双方共同意思表示的，另一方不得以不同意或不知道为由对抗善意第三人。"现实生活中，日常家事代理现象广泛存在，因此，对于这类财产处分，夫妻任何一方均有决定权，即一方当然地享有处分权，且一经作出即代表双方共同意思的表示，该家事行为对夫妻双方有效。

本案中刘某与张某系夫妻，且刘某始终将涉案商铺交给张某管理，作为邻居的齐某有理由相信张某已经获得了刘某的授权，张某与齐某签订租赁合同的行为属于日常家事代理或者表见代理，因此刘某应当受到租赁合同的约束。

实训巩固训练

【巩固训练案例】

2005年5月，王先生购买了某银行的理财产品。2009年5月，该理财产品到期后，王先生拟取回本金及红利，却被告知该款已被取走。王先生说自己从未取回保险款，故提起诉讼要求银行返还本金并支付红利。

经审理，法院查明，2007年8月，银行收到王先生委托其配偶赵女士提交的解除该理财产品的申请，同时赵女士还提供了理财合同原件、收费收据原件、王先生签名的委托书、王先生的户口本原件及其本人的身份证原件，上述手续完全符合购买人解除理财合同的约定。因此，银行为其办理了解除代为理财手续，并依约向赵女士退还15万元。此外，签订与解除理财合同行为均发生在夫妻关系存续期间。[1]

---

〔1〕"夫妻日常家事代理权之案例分析"，载 https：//www. 360kuai. com/pc/9c7373c61bcdbcdb2？cota.

【训练案例分析思路】

1. 家庭日常事务的范围应当如何界定？内容主要包括哪些？

2. 根据相关法律规定，对该案作出准确判断分析。

任务五　夫妻生育权纠纷

能力目标

清楚了解夫妻生育权的冲突，既是丈夫生育权与妻子生育权之间的冲突，同时又是丈夫生育权与妻子的人身自由权、身体支配权、健康权之间的冲突。

实训案例

妻子擅自流产不侵犯丈夫生育权[1]

叶某（男）和朱某（女）系夫妻。2006 年 7 月 5 日，朱某未经叶某同意，擅自到医院将腹中胎儿流产。叶某认为朱某的行为侵犯了他的生育权，向法院提起诉讼，要求朱某赔礼道歉并支付精神损害抚慰金 2 万元。朱某称，流产是因为其与叶某之间长期感情不和，是其对叶某丧失信心之下的无奈之举。

实训目标

通过司法实践中存在的真实案例，学会处理在涉及权利冲突问题时，必须通过利益衡量以决定最值得保护的利益。

实训方法

查阅法、课堂辩论法、分析讨论法。

实训步骤

1. 学生分小组讨论，根据案例素材，分析叶某在婚姻关系中是否存在生育权？

2. 学生进一步讨论叶某在朱某流产后，能否要求朱某赔礼道歉并支付其精神损害抚慰金 2 万元，列举出依据的相关法律法规。

3. 学生对“朱某的行为是否侵犯叶某的生育权”提出主张并进行辩论，形成对本案的处理意见。

学理分析

生育权是一项特殊的人身权，是人生来具有的、与人身不可分割的一种权利，夫

---

〔1〕 案例来源：（2006）余民一初字第 1633 号。

妻双方均有生育的权利，也有不生育的自由。在被告怀孕以后，胎儿就成为被告人身的组成部分，这时，原告的生育权只能通过被告来实现。如果双方意见一致，原告的生育权就能够实现；如果双方的意见不一致，则只能依照被告的意愿决定，原告的生育权就不能实现。原告虽然享有生育权，但其生育权的实现，不得侵害被告不生育的人身自由权。因此，被告怀孕后，是否生育子女，应由被告决定，被告没有和原告协商，自行终止妊娠，其行为并未违反法律规定。所以原告提出的要求被告赔偿其精神损失费的诉讼请求，于法无据，不予采纳。据此，依照我国《妇女权益保障法》第51条，被告对腹中胎儿进行流产手术，不构成对原告生育权的伤害。原告基于配偶权所享有的生育权仍然可以待以实现。

综上，男女公民均享有相应的生育权。夫妻双方因生育权发生纠纷时，法院应更多地保护弱势方女性的人身权益，男方不得违背女方意愿主张其权利。一般来说，男方生育权的行使与实现需要利用女方的身体，所以更应当尊重女方的人身自由权、身体支配权及健康权，两相权衡，女方的权利比男方的生育权具有优先保护地位。因此，生育权应倾向于保护妇女选择是否生育的权利。

实训巩固训练

【巩固训练案例】

甲女在吉林省长春市某事业单位工作，未婚。因为恋爱受挫，甲决定终身不婚。随着时间的推移，眼看周围朋友和同事的孩子纷纷出生、入学，甲的母性萌动，决定借助人工生殖技术生育子女。于是甲到单位所在地的某医院申请人工授精手术，但医院以甲单身为由拒绝了甲的申请。[1]

【训练案例分析思路】

1. 单身女性是否是生育的主体，是否享有生育的权利？

2. 本案例中，某医院拒绝为甲实施人工生殖手术是否符合法律规定？

3. 参照以下法律规定分析思考：

（1）《人口与计划生育法》第17条：“公民有生育的权利，也有依法实行计划生育的义务，夫妻双方在实行计划生育中负有共同的责任。”

（2）《吉林省人口与计划生育条例》第28条：“……达到法定婚龄决定不再结婚并无子女的妇女，可以采取合法的医学辅助生育技术手段生育一个子女。”

（3）卫生部《人类辅助生殖技术管理办法》第3条：“人类辅助生殖技术的应用应当在医疗机构中进行，以医疗为目的，并符合国家计划生育政策、伦理原则和有关法律规定。禁止以任何形式买卖配子、合子、胚胎。医疗机构和医务人员不得实施任何形式的代孕技术。”

---

〔1〕 案例来源：范李瑛、张洪波：《婚姻家庭继承法案例教程》，北京大学出版社2010年版，第21页。

实训项目二　夫妻财产关系事务处理

任务一　夫妻共同财产认定

能力目标

能准确判断夫妻财产中哪些是夫妻共有财产，培养学生正确分析处理婚姻纠纷案件的审判技能。

实训案例

2006年8月1日，陈某某、李某某在重庆市北碚区民政局登记结婚，婚后无子女。2007年2月11日，陈某某与重庆市某某房产公司签订了商品房买卖合同。签约当日，陈某某在某邮政储蓄点取现金9100元。其中6600元是陈某某、李某某结婚登记前的存款，2500元是双方结婚登记后的存款。因购房出资问题，陈某某与李某某发生矛盾。2007年2月13日，陈某某与李某某到渝北区民政局协议离婚。当天，陈某某持离婚证和有关证件与建设银行渝北支行签订了抵押贷款合同，每月给付房屋按揭款705.74元。2007年3月22日，陈某某、李某某再次登记结婚，此时某小区某幢某单元某号房屋已经交付。2007年9月28日，李某某向渝北区法院提起诉讼，请求判令与陈某某离婚，并要求分割该房屋。

一审法院判决：①准许原告李某某与被告陈某某离婚；②位于某区某路某某小区某幢某单元某号房屋一套归被告陈某某所有，由陈某某缴纳房屋按揭款；③被告陈某某于判决生效后10日内给付原告李某某房屋折价款112 307.50元，诉讼费432元由原告负担。李某某不服，提起上诉。〔1〕

请问：被告陈某某购买的该房屋是否属于夫妻共有财产？你支持一审法院的判决吗？

实训目标

通过对真实案件的技能训练，让学生充分了解分割夫妻共有财产的意义；掌握婚姻法对夫妻共同财产的规定，培养学生分析、处理分割夫妻共有财产的技能，熟练制作法律文书要领。

实训方法

案例讨论法、情景模拟法、角色扮演法、点评法。

---

〔1〕 案例来源：（2010）渝一中法民终字第1697号，有删减。

实训步骤

1. 明确模拟法庭实训基本要求。
2. 组织学生观看庭审录像。
3. 指导老师介绍庭审程序。
4. 学生进行分组，确定参与人员的角色。
5. 指导学生制定实训步骤及各环节的具体任务，分组模拟庭审。
6. 教师答疑解惑。

学理分析

本案争执的焦点是婚姻关系存续期间所得财产的界定。我国《民法典》第 1062 条第 1 款规定了夫妻在婚姻关系存续期间所得的下列财产，归夫妻共同所有：①工资、奖金、劳务报酬；②生产、经营、投资的收益；③知识产权的收益；④继承或受赠的财产，但是本法第 1063 条第 3 项规定的除外（遗嘱或赠与合同中确定只归一方的财产）；⑤其他应当归共同所有的财产。据此，夫妻在婚姻关系存续期间双方或一方所得的财产，除另有约定或夫妻个人特有财产外，均为共同所有。此外，根据相关司法解释，由一方婚前承租、婚后用共同财产购买的房屋，房屋权属证书登记在一方名下的，应当认定为夫妻共同财产。军人名下的复员费、自主择业费等一次性费用，以夫妻婚姻关系存续年限乘以年平均值[1]，所得数额也是夫妻共同财产。

正确理解《民法典》第 1062 条规定的“婚姻关系存续期间所得”，需要了解几个重要的判断标准：①范围标准，也就是《民法典》第 1062 条规定的财产所得范围。②时间标准，即婚姻关系存续期间。此期间指的是合法缔结婚姻到婚姻关系依法解除或自然终止。③所得标准。对《民法典》第 1062 条中规定的“所得”，应从以下四个方面进行判断：其一，权利的取得，而不是指对某财产的实际占有或控制；其二，包括夫一方或妻一方所得以及夫妻共同所得；其三，不包括《民法典》第 1063 条规定的夫妻一方的个人专有财产；其四，不同财产的权利取得，要结合不同财产权利取得的法律规定去认定，不动产权利的取得以获取行政颁证为要件。

综上，陈某某于解除婚姻关系后取得诉争房屋之产权，该房屋不属于上诉人李某某与被上诉人陈某某的共同财产，非在婚姻关系存续期间所得的财产，不属于夫妻共同财产。

---

〔1〕 上述所称年平均值，是指将发放到军人名下的上述费用总额按具体年限均分得出的数额。其具体年限为人均寿命 70 岁与军人入伍时实际年龄的差额。见《婚姻法解释（二）》第 14 条。

实训巩固训练

【巩固训练案例 1】

2018 年 2 月 7 日赵某和王某协议离婚，因夫妻双方的存款等家庭财产均由赵某管理，王某对于夫妻共同财产的具体数额并不清楚，只能按照赵某提供的财产数额进行分割。离婚后不久，王某偶然得知，离婚前赵某用家庭存款购买了 20 万元股票，该股票没有被列为夫妻共同财产进行分割。现王某向法院提起诉讼要求分割该股票。[1]

请问：离婚前赵某购买的股票是否属于夫妻共同财产？

【训练案例分析思路】

1. 从我国《民法典》第 1062 条第 1 款的规定出发，分析判断赵某和王某争议的离婚前赵某购买的股票是否属于夫妻共同财产？

2. 查阅《婚姻法解释（二）》第 15 条、《最高人民法院关于适用〈中华人民共和国婚姻法〉若干问题的解释（三）》（以下简称《婚姻法解释（三）》）第 18 条规定判断此案。

3. 写一份案件处理意见书。

【巩固训练案例 2】

2015 年 4 月 8 日毛某与王某领取结婚证书后未共同生活，现毛某起诉至法院，要求与王某解除婚姻关系。另查明，在双方领取结婚证后，村民曾组织给毛某、王某发放福利款 12 000 元，该费用由毛某领取。[2]

请问：毛某、王某办理结婚登记后未同居生活，现双方均要求离婚，已无和好可能，在婚姻存续期间，双方分得的福利款是否属于夫妻共同财产？

【训练案例分析思路】

1. 从我国《民法典》第 1062 条第 1 款的规定出发，分析判断毛某和王某争议的福利款是否属于夫妻共同财产？

2. 写一份判决书。

任务二　夫妻个人财产认定

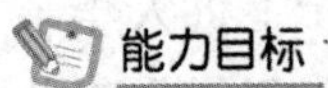
能力目标

能准确判断夫妻财产中哪些是夫妻个人财产，培养学生正确分析处理婚姻纠纷案件的审判技能。

---

〔1〕 案例来源：杨大文、龙翼飞主编：《婚姻家庭法》，中国人民大学出版社 2018 年版，第 120 页。

〔2〕 案例来源：（2009）郑民二终字 239 号。

实训案例

焦某、韩某夫妇共生育子女三人，儿子焦甲，长女焦乙，次女焦丙。1976 年焦某夫妇在吉林市丰满区购买房屋两间，建筑面积 82 平方米。1990 年 1 月，焦甲结婚，并于同年 7 月搬出分家另过。次年 9 月，焦某病故，其遗产未作处理。焦某去世后，韩某与女儿焦乙、焦丙共同生活。2005 年，焦乙结婚，搬出另过。2008 年焦丙结婚，与母亲韩某一起生活。2014 年 6 月，韩某病故，其生病期间一直由次女焦丙照顾。其病故前，于 2014 年 5 月 10 日经吉林市丰满区公证处公证立下遗嘱，全文如下："将房屋留给我的小女儿焦丙。"并将房屋产权证交给了焦丙，此外，韩某尚有工资存款和有价值邮票若干未做分配。韩某去世后，其长女焦乙声明将自己应有份额房屋产权赠给焦丙。焦甲认为，自己也是家庭成员，理应分得部分遗产，遂起诉到人民法院。

实训目标

通过对真实案件的技能训练，让学生充分了解分割夫妻财产的意义；掌握婚姻法对夫妻个人财产的规定，培养学生分析、处理分割夫妻共有财产、个人财产的技能，熟练制作法律文书要领。

实训方法

案例讨论法、情景模拟法、角色扮演法、点评法。

实训步骤

1. 明确民间纠纷调解的基本要求。
2. 观看调解录像，让学生了解调解方案设计。
3. 指导老师介绍调解程序。
4. 学生进行分组，确定参与人员的角色。
5. 指导学生制定实训步骤及各环节的具体任务，分组模拟调解。
6. 教师答疑解惑。

学理分析

根据《民法典》第 1063 条规定，有下列情形之一的，为夫妻一方的财产：①一方的婚前财产；②一方因受到人身损害获得的赔偿或补偿；③遗嘱或赠与合同中确定只归一方的财产；④一方专用的生活用品；⑤其他应当归一方的财产。

本案中，焦某、韩某夫妻婚姻关系存续期间共有的一套房产、工资存款及有价邮票，显然属于夫妻共同财产，应当由焦某、韩某夫妻平分。房屋是焦某夫妇于 1976 年购买，属于夫妻共同财产，其中一半是焦某的遗产，另一半是韩某的个人财产。焦某的遗产应当由其继承人妻子及其三个子女继承，但遗产未作分割，焦某病故后，一直由韩某居住使用，因为其他继承人并没有明确表示放弃继承，因而房屋属于几个继承人共同共有。韩某在其公证遗嘱中却将房屋指定由焦丙一人继承，她处分了共有房屋中属于他人所有的部分，因而公证遗嘱部分无效。遗嘱无效的部分涉及的财产应当由其法定继承人继承。房屋中属于韩某所有的二分之一产权加上焦某遗产中韩某应当继承的部分由焦丙继承。焦乙同意将自己应得的份额赠给焦丙，是对遗产的处分，该部分属于焦丙。其他部分由焦甲继承。

综上分析，韩某处分了共有财产中属于丈夫焦某所有的部分，因此公证遗嘱部分有效，焦甲虽有继承权，但遗嘱优于法定继承，故焦甲不能继承母亲无权处分的共有财产，可以继承父亲和母亲未处分的遗产。

实训巩固训练

【巩固训练案例 1】

甲、乙是夫妻，甲在婚前发表小说《昨天》，婚后获得稿费。乙在婚姻存续期间发表了小说《今天》，离婚后第二天获得稿费。甲在婚姻存续期间创作小说《明天》，离婚后发表并获得稿费。

请问：

1. 《昨天》的稿费是否属于甲婚前个人财产？

2. 《今天》《明天》的稿费是否属于夫妻共同财产？[1]

【训练案例分析思路】

1. 本题考核夫妻在婚姻关系存续期间所获得的知识产权收益的归属，首先应根据《婚姻法》和有关司法解释的规定，确定知识产权的收益是否为夫妻共同财产？

2. 其次应考虑该项收益是否在婚姻关系存续期间内实际取得或者明确可以取得。

【巩固训练案例 2】

张三与兰花于2003年8月登记结婚，生有一子。婚后虽有拌嘴争吵，但感情尚好。2008年，张三与妻子兰花的工作单位生产经营均发生严重困难，二人先后与工作单位解除劳动合同，张三领取了18.4万元经济补偿金，兰花领取了12万元经济补偿金。此后，双方争吵日渐加剧直至分居。2009年10月14日张三诉至法院，要求与兰花离婚。兰花同意离婚，但要求分割张三名下的1.8万元住房公积金和18.4万元经济补偿金。张三则认为该部分财产属于个人财产，予以拒绝。

【训练案例分析思路】

1. 本案中张三在婚姻关系存续期间所得的住房公积金和经济补偿金，应当认定为个人财产还是夫妻共同财产呢？

---

〔1〕 案例来源：2007年司法考试试题。

2. 结合《民法典》第1062条第1款第1项规定分析处理。

任务三　夫妻约定财产处理

能力目标

能准确判断夫妻财产中哪些是夫妻约定财产，培养学生正确分析处理婚姻纠纷案件的审判技能。

实训案例

王某与李某于2008年1月登记结婚，双方均系再婚，相识一个月后即结婚，2010年9月生有一女王甲。王某于2006年在单位购买福利房一套有产权证，2011年1月李某要求将该房屋产权变更为双方名下并签署《财产约定书》，随后办理了加名手续。婚后夫妻居住在该房屋内。2014年10月王某的儿子王乙（未婚）因病去世，留有遗嘱，指定A市的一套三居室住房留给父亲，该房价值人民币60万元。婚后李某为照顾女儿和家庭遂辞去工作。李某担心自己无保障，要求王某将2006年购买的那套福利房变更为李某个人所有，2017年1月王某写下赠与协议，同意将该套房屋的所有权变更为女方个人所有。由于王某每日早出晚归，忙于做生意，夫妻聚少离多，关系淡漠。李某遂于2017年10月向王某住所地人民法院提起离婚诉讼。她诉称双方婚前缺乏了解，婚后感情不稳定，现感情已破裂，要求离婚并依法分割夫妻共同财产。王某称单位福利房是在婚前购买，还没有办理过户登记手续，同时作出了“撤销赠与”的声明。在离婚诉讼期间，李某的父亲去世，留有价值10万元的古画一幅，但未留下遗嘱，李某是唯一的法定继承人。

实训目标

初步了解这起离婚财产纠纷案件的起因、经过，识别信息，在了解李某的具体诉求基础上搜索现有的证据材料，在甄别对李某有利与不利的信息基础上，为其提供具体可行的咨询方案，在法律许可的范围内，为其争取最大利益。如果遇到李某情绪过于激动，不能继续进行咨询时，要先安抚当事人，待其情绪平稳后，再进行法律咨询。

实训方法

情景模拟法、角色扮演法、法律咨询法。

实训步骤

1. 学生了解案情，明确法律咨询的基本要求。
2. 指导老师介绍咨询程序。

3. 学生进行分组，确定参与人员的角色。

4. 指导学生制定实训步骤及各环节的具体任务，分组模拟。

5. 教师答疑解惑。

学理分析

这是一起离婚财产纠纷，预计当事人可能要了解能否离婚、离婚后财产应当如何分割、离婚后女儿如何抚养等问题。

本案可能涉及的问题如下：①王某与李某签订的《财产约定书》是否有效？②A市的三居室归谁所有？③王某写下的赠与协议能否撤销？④双方共同居住的福利房归谁所有？⑤李某父亲留下的古画归谁所有？⑥李某与王某能否离婚？⑦离婚后王甲由谁抚养？⑧李某能否主张为家庭付出较多请求王某补偿？⑨离婚诉讼的程序是怎样的？

本案的相关证据有：①《财产约定书》一份。②王乙的遗嘱一份。③福利房的房产证。④赠与协议一份。

本案的解决途径：

1. 对于夫妻双方婚后的《财产约定书》的效力，《民法典》第1065条第1款和第2款规定："男女双方可以约定婚姻关系存续期间所得的财产以及婚前财产归各自所有、共同所有或部分各自所有、部分共同所有。约定应当采用书面形式。没有约定或约定不明确的，适用本法第1062条、第1063条的规定。夫妻对婚姻关系存续期间所得的财产以及婚前财产的约定，对双方具有法律约束力。"本案中李某与王某以书面形式约定王某的单位福利房婚前财产为共同所有，符合《民法典》第1065条的规定，故该《财产约定书》有效。

2. 对于王某的儿子王乙留下的A市一套三居室住房，因王乙留有遗嘱指定住房留给其父亲，根据《民法典》第1063条第3项规定，遗嘱或赠与合同中确定只归夫或妻一方的财产，为夫妻一方的财产。王某的儿子王乙留有遗嘱，指定A市的一套三居室住房留给父亲，故该住房归王某个人所有。

3. 对于双方之间的赠与协议，根据《民法典》第658条第1款的规定，赠与人在赠与财产的权利转移之前可以撤销赠与。王某赠与福利房给李某，但其并未进行过户登记，故赠与财产的权利并未转移。根据《民法典》第658条第1款的规定王某可以行使任意撤销权。

4. 对于双方婚后居住的福利房，根据《民法典》第1065条的规定，夫妻可以约定婚姻关系存续期间所得的财产以及婚前财产的归属，李某与王某书面约定了福利房的归属并于2011年1月变更为双方名下，故该房屋属于夫妻共同财产。

5. 对于李某的父亲遗留下的一副古画，根据《民法典》第1062条第4项规定，夫妻在婚姻关系存续期间所得的继承或赠与的财产归夫妻共同所有。李父在去世时并未留下遗嘱指定古画归谁所有，故该古画为王某与李某的夫妻共同财产。

6. 李某与王某可以离婚。根据最高人民法院判决离婚案件的标准，婚前缺乏了解，草率结婚，婚后未建立夫妻感情，难以共同生活的。经调解无效，应准予离婚。李某与王某相识一个月就结婚，婚后王某又每日早出晚归，夫妻聚少离多，关系淡漠，调解无效的，应当认定感情确已破裂应当准予离婚。

7. 对于王甲的抚养权问题，根据《民法典》第 1084 条第 3 款规定，离婚后，不满 2 周岁的子女，以由母亲直接抚养为原则。已满 2 周岁的子女，父母双方对抚养问题协议不成的，由人民法院根据双方的具体情况，按照最有利于未成年子女的原则判决。子女已满 8 周岁的，应当尊重其真实意愿。李某与王某的女儿可以由王某与李某双方协议归谁抚养，若协议不成，可向人民法院提起诉讼由人民法院根据子女的权益和双方的具体情况判决。

8. 对于李某婚后辞去工作照顾女儿及家庭，主张补偿应该得到支持。根据《民法典》第 1088 条规定，夫妻一方因抚育子女、照料老年人、协助另一方工作等负担了较多义务的，离婚时有权向另一方请求补偿，另一方应当予以补偿。因此李某可以依据《民法典》第 1088 条规定主张补偿。

9.《民法典》第 1079 条第 1 款和第 2 款规定，夫妻一方要求离婚的，可以由有关组织进行调解或者直接向人民法院提起离婚诉讼。受理离婚诉讼的人民法院审理离婚案件也会进行调解；如果感情确已破裂，调解无效的，应当准予离婚。

实训巩固训练

【巩固训练案例】

郭某于 2015 年 12 月 8 日诉至人民法院，要求与妻子马某离婚。马某同意离婚，但要求分割郭某婚前收藏的红木家具。马某的理由是 2012 年 5 月其与郭某口头约定：郭某婚前收藏的红木家具归夫妻双方共同所有。郭某矢口否认双方之间的口头约定。

请问：马某和郭某之间关于婚前财产的口头约定有效吗？

【训练案例分析思路】

1. 本案中马某和郭某关于婚前财产的约定并未采取书面形式，从尊重当事人的意思表示出发并不能据此直接认定该约定无效，而是应当查明当事人之间是否存在口头约定以及对约定内容是否有争议。

2. 由于郭某矢口否认该口头约定，马某无法证明该口头约定存在，则应认定为双方对婚前财产的归属没有约定，作为婚前财产的红木家具属于郭某的个人财产。因而即使法院判决马某和郭某离婚，郭某婚前收藏的红木家具也不能作为夫妻共同财产进行分割。

3. 为马某咨询制作一份方案设计。

附1：

婚前财产协议

甲方：××

乙方：××

甲乙双方于2015年3月16日履行了结婚登记手续，都愿共筑爱巢，白头偕老。但为防止今后可能出现的婚前财产纠纷，现双方理智地协商，就婚前财产达成如下协议：

一、婚前财产范围：甲方的财产有，奥迪A6型轿车一部，家具加工厂一座（资产总价值50万元），住房一套（××市××区××路×××号××居民小区×号，面积130平方米），家具、日常生活用品一套，银行存款30万。乙方的财产有，银行存款6万元，丰田汽车一辆。为建立家庭，双方共同出资购买了彩电一台，冰箱一台，格力中央空调一套，双人床一个，其他生活用品一套。

二、婚前财产的权利归属：甲方的轿车、工厂归甲方个人所有；住房归甲方所有，甲方与乙方共同使用；甲方的其他财产归甲乙双方共同共有。乙方的汽车归乙方个人所有，存款归甲乙共同共有。双方为建立家庭共同出资购置的财产归甲乙双方共同所有。

甲乙双方无其他财产争议。

协议经公证机关公证后生效。

立协议人：　　　甲方：××

乙方：××

2015年3月16日

附2：

夫妻共有财产和个人所有财产的计算方法

一、夫妻共有财产的计算方法

公式一：

夫妻共有财产=约定的共有财产+法定的共有财产

公式二：

法定的夫妻共同所有财产=工资+奖金+生产、经营的收益+知识产权的收益+未确定由特定一方继承或受赠与所得的财产+一方以个人财产投资取得的收益+住房补贴+住房公积金+养老保险金+破产安置补偿费+购置的财产+取得的债权+复员费（部分）+军人自主择业费（部分）+其他应当归共同所有的财产（以上各项均为婚姻关系存续期间取得的）

1. 工资、奖金等计算公式

工资奖金收入=工资+奖金+红包+红利+津贴+互助金+餐补+服装费+其他工资性的劳动收入

2. 生产、经营的收益计算公式

生产、经营的收益=劳动收入+资本收益（如股票债券收入，经营个体工商户的收益、经营企业的收益、入股收益等，包括股份、股权等）

3. 知识产权的收益计算公式

知识产权的收益=已得收益+已经明确可以取得的财产性收益

4. 继承或赠与所得的财产计算要点

遗嘱或赠与合同中没有确定只归夫或妻一方的财产（继承权是在婚姻关系存续期间取得或者接受赠与是在婚姻关系存续期间）

5. 复员费、转业费、军人自主择业费（部分）计算公式

属于夫妻共同财产的复员费、转业费、自主择业费=夫妻婚姻关系存续年限×年平均值 年平均值=复员费、转业费、自主择业费总额÷（70-军人入伍时实际年龄）

6. 其他应当归共同所有的财产计算公式

其他应当归共同所有的财产=一方以个人财产投资取得的收益+男女双方实际取得或者应当取得的养老保险金+破产安置补偿费+住房补贴+住房公积金+共同财产购买的房产+购置的财产+其他

二、夫妻个人所有财产的计算方法

公式一：

夫妻个人所有的财产=约定的个人所有的财产+法定夫妻个人所有的财产

公式二：

法定夫妻个人所有的财产=一方的婚前财产+一方因身体受到伤害获得的医疗费+残疾人生活补助费等费用+军人的伤亡保险金+军人伤残补助金+军人医药生活补助费+高原生活补助费+遗嘱或赠与合同中确定只归夫或妻一方的财产+一方专用的生活用品+其他应当归一方的财产

1. 一方的婚前财产计算要点

一方婚前的财产不因婚姻关系的延续而转化为夫妻共同财产（当事人另有约定的除外）

2. 一方因身体受到伤害获得的医疗费、残疾人生活补助费等费用计算公式

一方因身体受到伤害获得的医疗费、残疾人生活补助费等费用=医疗费+残疾人生活补助费+精神抚慰金+一次性工伤伤残补助金+交通补助费+营养补助费+住院伙食补助费+护理费+假肢安装费+军人的伤亡保险金+军人伤残补助金+军人医药生活补助费+一方因身体受到伤害而获得的其他费用

模 块 四

婚姻终止纠纷事务实训

实训项目一　登记离婚

能力目标

掌握我国《婚姻法》规定的登记离婚的条件。

实训案例

由某与乙女登记离婚财产纠纷案〔1〕

由某与乙女原系夫妻关系，婚后育有一女丙；双方于2017年7月18日登记离婚，当日签订的《离婚协议书》约定：①海淀区某路某号某小区某房及河北省某县某房归女儿丙所有；②双方每月给孩子抚养费2000元至25岁丙完成学业，其中学费由双方共同承担；③夫妻共同购买的丰田车归乙女。

后由某向北京市海淀区人民法院起诉请求：确认由某与乙女于2017年7月18日签订的《离婚协议书》中“海淀区某路某号某小区某房归丙所有”的约定无效。同时提交了某总医院某后勤保障部2019年5月14日出具的证明一份，载明：“由某于2014年5月29日分配海淀区某路某号某小区某房，该房产为军队经济适用住房，某后勤保障部未正式批复售房方案，由某本人并未取得该房屋产权，因此其本人无权对该房产进行处置。”

一审法院审理后查明：2014年5月29日，由某与某总医院院务部营房科签订了《购房协议书》，约定由某购买诉争房屋，首付购房款30万元。一审法院认为离婚时，夫妻的共同财产由双方协议处理。离婚协议中关于财产分割的条款，对男女双方具有法律约束力。遂于2019年8月9日依照《婚姻法》第39条、《婚姻法解释（二）》第

〔1〕 案例来源：中国裁判文书网，北京市第一中级人民法院（2019）京01民终9456号，有删减。

8 条第 1 款之规定，判决：驳回由某的全部诉讼请求。

由某上诉请求：撤销原判，将本案发回重审或改判确认由某与乙女于 2017 年 7 月 18 日签订的《离婚协议书》中“海淀区某路某号某小区某房归丙所有”的约定无效。事实和理由为：诉争房屋为军队干部福利性住房，该房屋不属于由某所有，产权变更需经过相关部门批准，未经批准擅自转移房屋产权属于无效处分，故由某与乙女约定诉争房屋由丙所有无效。

二审中当事人没有提交新证据。经审查，一审法院查明的事实正确，二审法院予以确认。

实训目标

通过阅读案情和查找相关法律条文，能对该案作出准确判断，运用“登记离婚”的条件和效力解决司法实践中的案件纠纷。

实训方法

阅读法、讨论法、讲评法。

实训步骤

1. 任务提出：在我国依照行政程序登记离婚的条件是什么？夫妻双方签订的协议书是否具有法律效力？

2. 任务解决：学生分小组讨论，提出各自意见。每个小组将本小组意见和形成该意见的理由向全班做介绍，与其他小组进行讨论、交流；各小组借鉴其他小组的优胜之处，对本小组的意见进行修改、完善，共同分析得出结论。

3. 任务评估：教师总结归纳，形成对本案的处理意见。

学理分析

协议离婚，是指夫妻双方就自愿离婚达成合意，同时在离婚后果上达成一致意见，经过婚姻登记机关认可即可解除婚姻关系的一种离婚方式。协议离婚是夫妻双方自愿的结果，属于双方自愿离婚或两愿离婚。协议离婚以婚姻登记机关办理离婚登记为要件，因此，又称登记离婚。我国《民法典》第 1076 条规定：“夫妻双方自愿离婚的，应当签订书面离婚协议，并亲自到婚姻登记机关申请离婚登记。离婚协议应当载明双方自愿离婚的意思表示和对子女抚养、财产以及债务处理等事项协商一致的意见。”可见，协议离婚也是我国离婚制度的一个重要组成部分，能够最大限度地保护离婚自由，充分体现了私法自治原则。目前，越来越多的离异夫妻选择使用这种方式，体现了我国离婚发展的新趋向。

《婚姻法解释（二）》第 8 条、第 9 条对此明确规定：“离婚协议中关于财产分割的条款或者当事人因离婚就财产分割达成的协议，对男女双方具有法律约束力。当事人因履行上述财产分割协议发生纠纷提起诉讼的，人民法院应当受理。”“男女双方协议离婚后1年内就财产分割问题反悔，请求变更或者撤销财产分割协议的，人民法院应当受理。人民法院审理后，未发现订立财产分割协议时存在欺诈、胁迫等情形的，应当依法驳回当事人的诉讼请求。”

本案中，由某与乙女协议离婚并签订离婚协议，约定诉争房屋由女儿丙所有。诉争房屋系双方婚姻关系存续期间，由由某与所在单位签订《购房协议书》，并已支付购房首付款30万元所得，且已实际交付使用，由某、乙女对诉争房屋享有相应权益，双方离婚时签订《离婚协议书》对上述房屋的权益进行协商并予以处理具有法律依据。由某、乙女在订立财产分割协议时不存在欺诈、胁迫等情形，《离婚协议书》是双方真实意思表示，且不违反法律的强制性规定，对双方均具有法律约束力。一审法院根据查明的事实，判决驳回由某要求撤销离婚协议中就诉争房屋的约定，符合法律规定，并无不当。由某主张其对诉争房屋无处分权，双方在离婚协议中就诉争房屋的约定无效，其提供的证据不足以证明其事实主张，对其所述，不予采信。

综上所述，由某的上诉请求不能成立，应予驳回；一审判决认定事实清楚，适用法律正确，应予维持。

实训巩固训练

【巩固训练案例1】

为买房净身出户 弄假成真一无所有[1]

王某（男）与李某（女）协议离婚，约定两套婚后共有的房屋归李某所有，王某放弃李某名下的其他财产，离婚后不得再有争议。后王某起诉要求撤销该离婚协议。

王某称离婚协议并非自己的真实意思表示，因为自己的信用记录有问题，且为了回避限购政策，而“假离婚”购房，双方口头约定购房后复婚。王某提供了证人证言，证明双方离婚后仍以夫妻名义旅游、参加亲友聚会；离婚后李某的银行贷款文件上，王某还作为担保人；王某还提交了自己缴纳双方居住房屋的各种费用的凭证。

李某称离婚协议是双方真实的意思表示，合法有效，王某经常赌博，极少照顾家庭，故净身出户。

一审法院判决驳回了王某的诉请，王某上诉，二审法院维持一审判决。

【训练案例分析思路】

假离婚的发生，一般有两种情况：一种是在婚姻登记机关进行的假离婚，另一种

〔1〕案例来源：广州市海珠区人民法院（2016）粤0105民初7607号民事判决、广州市中级人民法院（2017）粤01民终1910号民事判决。

是在人民法院达成假离婚的调解协议。假离婚的法律后果是，婚姻关系的解除对双方当事人发生法律效力。

虽离婚并非双方的真实意愿，而是双方虚假的意思表示，但假离婚行为是夫妻双方协议所为，是双方合谋的违法行为，双方当事人应对其行为后果承担责任。因此，如果假离婚的一方在假离婚的目的实现后，违背复婚的约定，与别的异性登记结婚，或虽未再婚但拒绝复婚，应当确认离婚登记的效力。在上述案例中，一审法院判决驳回了王某的诉请，二审法院维持一审判决都是符合法律规定的。

这个案例非常典型。王某与李某双方假离婚，约定财产全部归李某，王某净身出户，王某再去购买房产，然后复婚。这种做法的风险极大：中国至今没有无效离婚或可撤销离婚的法律规定。离婚仅以离婚登记或确认解除婚姻关系的法律文书为准，与原因无关。婚姻登记机关只是形式审查，对双方的感情状况和结婚、离婚的真实动机，无从考究，也不负实质审查的义务。婚姻自由，是否同意复婚，完全取决于当事人本人，即使有书面承诺，因限制了人身自由，故也是无效的。

离婚协议中对财产的处理，只有在被胁迫或被欺诈的情形下，才能要求法院撤销或者变更，注意：①不适用民法“等价有偿”“公平”的原则，不能主张重大误解、显失公平；②必须在离婚登记1年之内提起诉讼。

【巩固训练思考】

关于托人代办或冒名顶替领取离婚证的处理：

离婚是与身份紧密相关的民事法律行为，只能由具有夫妻身份的当事人在有完全民事行为能力时进行，法律禁止托人代办或冒名顶替申请办理离婚登记。登记机关一经发现，应立即宣布其离婚行为无效，收回离婚证。

【巩固训练案例2】

叶某（男）与小乔系夫妻关系，婚后感情尚可。2002年5月，叶某所在单位最后一次按照房改政策向职工分配住房。因小乔已按照政策对其居住的房屋通过房改取得所有权，因此叶某便与小乔协商，通过假离婚的方式取得参加单位房改的资格，以达到拥有两套房改房屋的目的，等领取房屋产权证后复婚。随后双方于2003年5月10日到婚姻登记机关办理了离婚登记手续，领取了离婚证。2003年6月，叶某如期领取了产权证书，当小乔提出复婚时，被叶某拒绝。2003年10月9日，叶某与邓某办理了结婚登记手续，领取了结婚证。小乔以其与叶某的离婚为假离婚为由，请求婚姻登记机关确认离婚登记无效。婚姻登记机关认为小乔的申请没有法律依据，通知不予受理。

【训练案例分析思路】

1. 本案中，婚姻登记机关不予受理小乔请求确认离婚登记无效的申请是否符合法律规定？为什么？

2. 你认为叶某与邓某的婚姻关系是否有效？

3. 根据本案案情制作一份离婚协议书。

【巩固训练案例 3】

两次离婚房产归属成疑

2014 年 6 月 4 日，李某和徐某登记结婚。2016 年，婚前二人按揭购买的房屋取得产权证并依约定登记在李某名下继续还贷。2017 年 1 月 31 日，二人因感情不和办理离婚手续。经协商，一致同意将共同拥有的市值约 150 万元的房产归李某所有，剩余贷款全部由徐某负责偿还。2017 年 7 月 16 日，二人办理了复婚手续。2018 年 11 月，孩子出生。还清房贷后，又按揭购买了同一单元、不同楼层的房子，办理产权登记时将房屋登记在徐某名下。2019 年 2 月 5 日，因无法忍受徐某的婚外情，两人再次协议离婚。离婚协议约定："孩子由李某抚养，徐某每月支付 7000 元抚养费至孩子满 18 周岁，汽车和李某名下的 20 万元存款归李某所有；登记在徐某名下的房子归李某所有（面积稍大一些），登记在李某名下并且第一次离婚时约定归李某所有的房子归徐某所有。"李某咨询后得知，约定给徐某的那套房子是她（复）婚前的个人财产，无需作为夫妻共同财产进行分割。2019 年 5 月 5 日，李某与徐某协商修改离婚协议未果，李某起诉到法院，请求确认其拥有争议房产的全部所有权。

【训练案例分析思路】

1. 第一次离婚协议是否已经履行？

2. 李某名下的房产是婚前个人财产还是因复婚后转变为夫妻共同财产？

3. 李某以重大误解为由主张撤销第二次的离婚协议是否能获支持？

附 1：

申请离婚登记声明书

我们双方申请离婚登记，谨此声明：

男方姓名：________ 民族：________ 身份证件号：______________

职业：______________ 文化程度：________ 常住户口所在地：______________

女方姓名：________ 民族：________ 身份证件号：______________

职业：______________ 文化程度：________ 常住户口所在地：______________

我们于________年________月________日登记结婚，结婚证字号________离婚原因是______________________。

我们双方自愿离婚，对子女抚养、财产、债务等事项已达成一致处理意见并共同签署了离婚协议书。

上述声明完全真实，如有虚假，愿承担法律责任。

声明人：______________ ________年________月________日

监誓人：______________ ________年________月________日

（注：声明人签名须在监誓人面前完成）

附2：

离婚协议书（参考文本）

协议人：________

协议人：________

协议人________、________双方于________年________月________日在区民政局办理结婚登记手续。________年________月________日生育儿子（女儿）。因协议人双方性格严重不合，无法继续共同生活，夫妻感情且已完全破裂，现双方经过充分考虑、协商，就自愿离婚一事达成如下协议：

一、________、________自愿离婚。

二、子女抚养________

三、财产及债务的处理：________

四、关于子女探望权：________

本协议一式叁份，双方各执一份，婚姻登记机关存档一份，在双方签字并经婚姻登记机关办理相应手续后生效。

协议人：________

协议人：________

________年________月________日

附3：

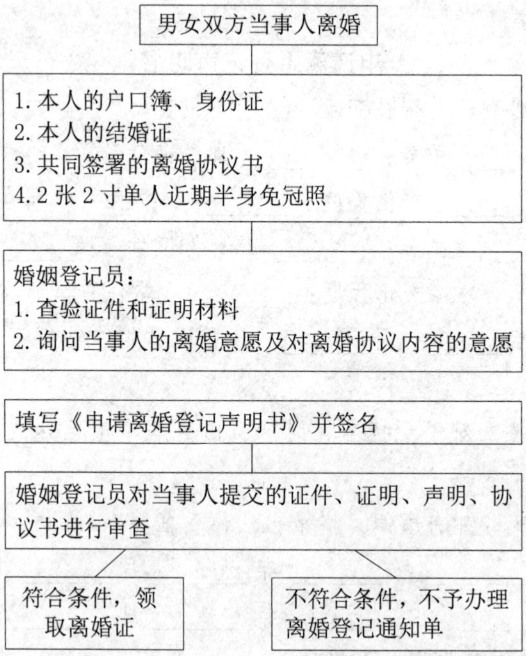

男女双方当事人离婚

1. 本人的户口簿、身份证
2. 本人的结婚证
3. 共同签署的离婚协议书
4. 2张2寸单人近期半身免冠照

婚姻登记员：
1. 查验证件和证明材料
2. 询问当事人的离婚意愿及对离婚协议内容的意愿

填写《申请离婚登记声明书》并签名

婚姻登记员对当事人提交的证件、证明、声明、协议书进行审查

符合条件，领取离婚证

不符合条件，不予办理离婚登记通知单

图4-1　中国公民办理离婚登记流程图

实训项目二　诉讼离婚

能力目标

熟知诉讼离婚的法定条件和法律对感情确已破裂的列举式规定。

实训案例

甲男与乙女于2007年结婚，婚后育有一女。甲男对妻子生育女儿非常不满，经常借故找茬打骂乙女和女儿。由于夫妻感情长期不和，乙女于2010年1月起回娘家至今不归并向甲男提出离婚要求，甲男一直不同意。乙女于2014年3月向人民法院提起离婚诉讼。

请问：夫妻一方要求离婚但是另一方不同意离婚，人民法院可以判决离婚吗?

实训目标

通过阅读案情和查找相关法律条文，能对该案作出准确判断，运用诉讼离婚的法定条件和法律对感情确已破裂的列举式规定解决司法实践中的诉讼离婚案件纠纷。

实训方法

阅读法、讨论法、讲评法、角色扮演法、人民调解法。

实训步骤

1. 任务提出：我国诉讼离婚的条件是什么？法律对感情确已破裂的列举式规定有哪些?

2. 任务解决：学生分小组讨论，提出各自意见。每个小组将本小组意见和形成该意见的理由向全班做介绍，与其他小组进行讨论、交流；各小组借鉴其他小组的优胜之处，对本小组的意见进行修改、完善，共同分析得出结论。

3. 制作一份人民调解方案。

4. 任务评估：教师总结归纳，形成对本案的处理意见。

学理分析

诉讼离婚是因一方要求离婚、另一方不同意离婚或是双方都同意离婚，但对子女、财产等问题不能协商一致而发生的。对于这些问题，当事人有的是对其中一项有争议，有的是对几项都有争议，须经人民法院调解或判决处理。其中，是否解除婚姻关系是先决条件，只有在此前提下才能处理与此相关的其他问题。

离婚的法定标准是夫妻感情确已破裂，并未要求夫妻双方都同意离婚。如果夫妻双方同意离婚，可以协议离婚，否则可以诉讼离婚。《民法典》第 1079 条第 1 款规定："夫妻一方要求离婚的，可以由有关组织进行调解或者直接向人民法院提起离婚诉讼。"根据《民法典》的规定，以下情形作为认定夫妻感情确已破裂的具体依据：①重婚或者与他人同居；②实施家庭暴力或者虐待、遗弃家庭成员；③有赌博、吸毒等恶习屡教不改；④因感情不和分居满 2 年；⑤其他导致夫妻感情破裂的情形。一方被宣告失踪，另一方提起离婚诉讼的，应当准予离婚。

本案中，虽然甲男不同意离婚，但是乙女坚决要求离婚，其可以向法院提起离婚诉讼。鉴于夫妻双方经常发生矛盾，且双方分居已满 4 年，可以认定夫妻感情已经破裂，人民法院应当判决离婚。

附 1：

人民调解方案

一、纠纷概况

甲男经常因家庭琐事殴打乙女，也经常虐待她的女儿。本次因生活琐事又将乙女毒打一顿，乙女忍无可忍，决心与甲男离婚；甲男态度极其恶劣，也表示同意离婚。本案系双方因家庭暴力引起的离婚纠纷，乙女对此寻求司法所帮助。

二、争议焦点

1. 甲男是否存在家暴行为？

2. 乙女在日常生活中是否存在过错？

三、调解要达到的目的

通过人民调解后，双方在自愿平等且不违反法律等强制性规定的基础上，达成一致的调解协议，使甲男认识到自身的错误，解决甲男与乙女之间的家庭纠纷。若离婚就离婚事宜达成一致并签署协议。

四、调解涉及的法律、法规、规章、政策条款

《民法典》第一千零七十九条　夫妻一方要求离婚的，可以由有关组织进行调解或者直接向人民法院提起离婚诉讼。人民法院审理离婚案件，应当进行调解；如果感情确已破裂，调解无效的，应当准予离婚。

第一千零九十一条　有下列情形之一，导致离婚的，无过错方有权请求损害赔偿：

（一）重婚；

（二）与他人同居；

（三）实施家庭暴力；

（四）虐待、遗弃家庭成员；

（五）有其他重大过错。

《中华人民共和国反家庭暴力法》第三十三条　加害人实施家庭暴力，构成违反治安管理行为的，依法给予治安管理处罚；构成犯罪的，依法追究刑事责任。

第二条 本法所称家庭暴力，是指家庭成员之间以殴打、捆绑、残害、限制人身自由以及经常性谩骂、恐吓等方式实施的身体、精神等侵害行为。

《中华人民共和国刑法》第二百六十条【虐待罪】

虐待家庭成员，情节恶劣的，处二年以下有期徒刑、拘役或者管制。

犯前款罪，致使被害人重伤、死亡的，处二年以上七年以下有期徒刑。

第一款罪，告诉的才处理，但被害人没有能力告诉或者因受到强制、威吓无法告诉的除外。

根据以上条款，甲男对家庭成员实施家庭暴力，人民法院经调解无效的应当认定感情确已破裂并准予离婚。甲男经常性、持续性殴打家庭成员，其行为恶劣已经构成虐待，乙女离婚时有权提起离婚精神损害赔偿。

五、调解过程中可能出现的问题及对策

问题一：甲男恼羞成怒，挥拳欲再次动手?

对策一：立即制止当事人甲男的行为，将双方当事人分开，使甲男情绪稳定后，再进行调解。

问题二：甲男同意离婚，不愿意赔偿怎么办?

对策二：根据我国《人民调解法》第26条，人民调解员调解纠纷，调解不成的，应当终止调解，并依据有关法律、法规的规定，告知当事人可以依法通过仲裁、行政、司法等途径维护自己的权利。

本案中甲男对乙女实施家庭暴力行为属实，根据我国《婚姻法》相关规定，乙女可以向人民法院提起诉讼。

六、具体工作方法和工作重点

本次调解中，可能用到面对面调解法、法律宣教法、批评训诫法、赞扬激励法、换位思考法、道德感召法、抓住主要矛盾进行调解法、情感融合法、利弊分析法、褒扬激励法。

工作重点如下：

1. 先调解乙女与甲男看在孩子的分上和好，若无法和好则告知离婚相关事宜。

2. 使甲男认识到自身行为存在过错，积极承担起对乙女的赔偿责任。

3. 使甲男认识到自身行为情节严重时可构成虐待罪，应当承担刑事责任。

七、对调解可能达成的协议的基本设想

经调解后，双方在自愿平等且不违反法律等强制性规定的基础上，达成一致的调解协议，使甲男认识到自身在这件事情上存在的错误，积极主动地承担相应的责任。

实训巩固训练

【巩固训练案例 1】

军人配偶对军人提起的离婚诉讼

甲为某部队少将军官，2000 年 6 月 10 日与某公司职员乙登记结婚，2003 年 10 月 1 日，其女儿出生。随着女儿的出生，家务劳动日益繁重，再加上公司工作的压力，乙多次提出希望甲能转业以结束两地生活，但甲不愿过早结束军旅生涯，双方为此产生矛盾。一次甲回家探亲时乙提出甲如果不转业就离婚的说法，甲情急之中对乙拳打脚踢，矛盾日益加深。2008 年 12 月 1 日，乙向人民法院提起离婚诉讼，但甲坚决不同意离婚。人民法院依法驳回了乙的离婚请求，判决不准离婚。

【训练案例分析思路】

1. 我国《民法典》第 1081 条对现役军人的婚姻采取了特殊保护措施，明确规定现役军人的配偶要求离婚，必须征得现役军人的同意，但军人一方有重大过错的除外。这是否意味着在离婚的法律适用上，因为现役军人主体身份的特殊性，其配偶的离婚自由权就不可能实现？

2. 本案例中，人民法院驳回乙离婚请求的判决是否符合法律规定？

3. 如何认定军人的重大过错？

4. 给军人夫妻制作一份调解方案。

【巩固训练案例 2】

女方怀孕期间男方提出离婚[1]

林某、吴某于 2000 年 6 月 5 日登记结婚，婚后夫妻感情一般。2001 年初开始，二人就常常因家庭琐事发生争吵，由于双方互不谅解，致夫妻关系日渐恶化。林某曾于 2001 年 11 月 12 日起诉离婚，同年 12 月 20 日法院判决驳回了其离婚请求，至今二人关系仍无好转。现林某诉至法院，请求判决其与吴某离婚。吴某提交证据，证明其现已怀孕 7 个月，法院认为依照《婚姻法》第 34 条的规定，本案仍在法律禁止起诉的期限里，因此，林某不符合离婚的理由成立，法院对吴某予以支持。

【训练案例分析思路】

1. 女方在怀孕期间、分娩后 1 年内或中止妊娠后 6 个月内，男方不得提出离婚。这一特殊规定，仅仅是在特殊时期对男方离婚请求权的限制，而并非对男方离婚请求权的剥夺。这是一种程序性的规定，并不涉及是否准予离婚等实体问题。在上述特定时期届满后，男方仍可依法行使其离婚请求权。

---

〔1〕 案例来源：（2003）佛中法民一终字第 630 号。

2. 女方在此期间提出离婚，不受这一特殊规定的限制。

3. 人民法院认为确有必要受理男方离婚请求的，也不受这一规定的限制。

4. 人民法院在未发现女方怀孕时判决离婚，宣判后，女方发现怀孕提起上诉的，查明事实后，二审法院应立即撤销原判决，驳回原告的离婚请求，不必发回原审法院重新审判。女方分娩后1年内，婴儿死亡的，原则上仍适用上述规定。

5. 制作一份民事调解书。

附2：第一审民事调解书的格式

××人民法院

民事调解书

（××××）×民初字第××号

原告……（写明姓名或名称等基本情况）

被告……（写明姓名或名称等基本情况）

第三人……（写明姓名或名称等基本情况）

（当事人及其他诉讼参加人的列项和基本情况的写法，与一审民事判决书样式相同）

案由：……

（写明当事人的诉讼请求和案件的事实）

本案在审理过程中，经本院组织调解，双方当事人自愿达成如下协议：

（写明协议的内容）

（写明诉讼费用的负担）

上述协议，符合有关法律规定，本院予以确认。

本调解书经双方当事人签收后，即具有法律效力。

审判长××

审判员××

审判员××

本件与原本核对无异　　××××年××月××日

（院印）

书记员××

附3：范例

×市××区人民法院

民事调解书

（2003）×民初第12号

原告王××，男，46岁，汉族，××单位职工，住××市××区××街6号楼612。

被告李××，女，43岁，汉族，××医院护士，住××市××区××街6号楼612。

本院依法适用简易程序审理此案，由审判员胡××独任审理，王××和李××到庭参加诉讼。本案现已调解结案。

案由：离婚。

经审理查明，王××与李××经人介绍于1992年初相识恋爱，并于同年8月登记结婚。2010年5月生一子，王×。婚后因为夫妻缺乏了解，彼此性格不合，经常因生活琐事发生口角，甚至拳打脚踢，事后两人又互不谅解。2017年10月，李××与同事谢××关系暧昧，并不听王××的劝阻，对家庭事务不闻不问，严重影响了夫妻感情，现王××以感情破裂为由诉至人民法院要求与李××离婚。本案在审理过程中，经本院主持调解，双方当事人自愿达成如下协议：

一、王××与李××自愿离婚；

二、双方所生之子王×由王××抚育，李××自2018年10月始每月付儿子生活费1600元，至儿子独立生活止；

三、家庭共有财产归王××所有，由王××给付李××财产折价30.8万元人民币；

四、××区××街6号楼612公房一套由王××居住，本案受理费2100元，由王××负担（已交纳）。

上述协议，符合有关法律规定，本院予以确认。

本调解书双方签收后，即具有法律效力。

审判员胡××

本件与原本核对无异　　　　二〇一八年十月十日

（院印）

书记员于××

实训项目三　离婚的法律后果

能力目标

清楚离婚造成的一系列法律后果，能准确判断分割夫妻共有财产和夫妻个人特有的财产及离婚后子女的抚养权归属。

实训案例

梁某与被告林某甲离婚纠纷[1]

梁某与林某甲经自由恋爱，于××年××月××日登记结婚。婚后于××年××月××日生

〔1〕 案例来源：中国裁判文书网，广州市花都区人民法院（2017）粤0114民初4090号，有改动。

育儿子林某乙，现正由梁某携带抚养。2009 年 4 月，双方购买了广州市花都区新华××路××号桥苑小区××栋××房，登记在林某甲名下，该房尚欠银行贷款约 5 万元，现市场价值约 45 万元。2015 年 6 月，双方购买了车牌号为粤××的小型轿车一辆，登记在林某甲名下，现由梁某使用，购车时向梁某亲属借款 4 万元尚未偿还，该车现市场价值约 6 万元。婚后因双方性格方面等原因，夫妻关系日渐淡薄，梁某通过林某甲手机微信聊天记录得知，林某甲与其他女子存在不正当关系，导致夫妻感情破裂，梁某故诉至法院。

法院经审理查明：原被告双方于××年××月××日在湛江市徐闻县婚姻登记机关登记结婚，后于××年××月××日生育一儿林某乙。近年来，被告长期与其他女子发生不正当关系。原告多次与被告进行耐心沟通，但被告完全不理会，夫妻关系没有得到任何改善。原告认为双方性格已经不适宜再一起生活并已分居，夫妻关系已名存实亡，夫妻感情完全破裂，为此，原告根据《婚姻法》和《民事诉讼法》相关规定向法院提起诉讼，请求依法判决双方离婚。法院判决支持原告的诉讼请求：①判令原告与被告离婚。②判令婚生儿子林某乙由原告携带抚养，被告每月支付人民币 2000 元抚养费直至其年满 18 岁时止。③判令位于广州市花都区新华××路××号侨苑小区××栋××房归原告所有。④判令车牌号为粤××的小汽车归原告所有。⑤判令被告向原告支付精神损害赔偿金 50 000 元。⑥判令被告承担本案的全部诉讼费用。

实训目标

通过案例实训查找法律条文，进一步掌握夫妻感情确已破裂的认定，学会处理法律纠纷，对该案作出准确判断：准确分割夫妻共同财产、共同债务，处理离婚后子女的抚养问题，分析无过错方什么情况下可以行使离婚损害赔偿请求权等一系列需要解决的问题。

实训方法

讨论法、分析法、辩论法、制作法律文书。

实训步骤

1. 学生分组进行讨论，先在本组形成意见。讨论重点为：离婚后夫妻共同财产与个人财产的认定和分割、债务的定性和清偿、特定情形下的经济补偿、抚养费的给付问题以及探望权问题；准确认定《民法典》第 1091 条的规定；了解离婚损害赔偿的条件；离婚损害赔偿是否可以包括精神损害赔偿。

2. 各小组进行交流，阐述本组意见，并共同分析得出结论。

3. 教师总结归纳，形成对本案的处理意见。

学理分析

本案中，梁某与林某甲虽经自由恋爱而结合，婚后因性格等原因，导致夫妻双方感情不和，林某甲甚至在夫妻关系存续期间与他人发生不正当男女关系，进一步恶化了夫妻关系，现梁某离婚态度坚决，据此判定双方夫妻感情已经破裂。对梁某离婚的请求，依据《民法典》第1079条第3款的规定，调解无效的，应准予离婚。

关于夫妻共同财产分割的问题，《民法典》第1087条第1款规定："离婚时，夫妻的共同财产由双方协议处理；协议不成的，由人民法院根据财产的具体情况，按照照顾子女、女方和无过错方权益的原则判决。"本案所涉房屋及车辆均归梁某所有，房屋所欠贷款及购车所欠梁某亲属借款均由梁某负责清偿，分割房屋须补偿给林某甲［45万元（现值）-5万元（贷款）］÷2=20万元；分割车辆须补偿给林某甲［6万元（现值）-4万元（借款）］÷2=1万元。梁某主张房屋及车辆均归其所有而不作任何补偿，没有法律依据，应不予支持。

关于婚生儿子林某乙的抚养问题，《民法典》第1084条规定："父母与子女间的关系，不因父母离婚而消除。离婚后，子女无论由父或者母直接抚养，仍是父母双方的子女。离婚后，父母对于子女仍有抚养、教育、保护的权利和义务。离婚后，不满2周岁的子女，以由母亲直接抚养为原则。已满2周岁的子女，父母双方对抚养问题协议不成的，由人民法院根据双方的具体情况，按照最有利于未成年子女的原则判决。子女已满8周岁的，应当尊重其真实意愿。"第1085条规定："离婚后，子女由一方直接抚养的，另一方应当负担部分或者全部抚养费。负担费用的多少和期限的长短，由双方协议；协议不成的，由人民法院判决。前款规定的协议或者判决，不妨碍子女在必要时向父母任何一方提出超过协议或者判决原定数额的合理要求。"《最高人民法院关于人民法院审理离婚案件处理子女抚养问题的若干具体意见》第7条规定："子女抚育费的数额，可根据子女的实际需要、父母双方的负担能力和当地的实际生活水平确定。有固定收入的，抚育费一般可按其月总收入的20%~30%的比例给付。负担两个以上子女抚育费的，比例可适当提高，但一般不得超过月总收入的50%。无固定收入的，抚育费的数额可依据当年总收入或同行业平均收入，参照上述比例确定。有特殊情况的，可适当提高或降低上述比例。"第8条规定："抚育费应定期给付，有条件的可一次性给付。"第11条第1款规定："抚育费的给付期限，一般至子女18周岁为止。"因林某乙长期与母亲梁某一起生活，改变生活环境对未成年人的成长有不利影响，故应确定离婚后由梁某抚养林某乙。对于抚养费的数额，应参照林某乙的实际生活需要，及本地现有生活水平，酌情确定为每月1000元，超过部分，应不予支持。

关于梁某所主张的精神损害抚慰金50 000元，《民法典》第1091条规定："有下列情形之一，导致离婚的，无过错方有权请求损害赔偿：①重婚；②与他人同居；③实施家庭暴力；④虐待、遗弃家庭成员；⑤有其他重大过错。"梁某提交的林某甲微信聊天记录显示，林某甲与其他女子保持不正当男女关系，违反夫妻忠诚义务，给梁某造成精神创伤，应当予以赔偿，可酌定林某甲赔偿梁某精神损害抚慰金 2 万元。

实训巩固训练

【巩固训练案例 1】

2015 年 5 月，刘某与赵某登记结婚。婚前，刘某花费 150 万元购置房产一套，婚后两人共同居住并对房屋进行了装修，装修费 26 万元。2016 年 12 月，夫妻二人以丈夫刘某的名义投资设立了一家个人独资企业，一直由刘某经营。2018 年 10 月，由于企业经营缺少资金，刘某以自己的名义向其朋友王某借款 100 万元用于企业的经营活动。妻子赵某是一位作家，婚后得稿酬 2 万元。刘某在经营企业过程中与企业员工李某产生感情，并与之同居。赵某发现这个情况后，到人民法院起诉要求离婚。

【训练案例分析思路】

1. 若赵某发现刘某与李某同居，坚决要求离婚，而刘某不同意，应当如何处理？
2. 如果刘某同意离婚，但是对本案中所提财产的分割产生纠纷，应当如何处理？
3. 如果刘某与王某签订的借款合同到期，该债务应当如何偿还？
4. 赵某发现刘某与李某同居，前来咨询。
5. 赵某发现刘某与李某同居，坚决要求离婚，而刘某不同意前来咨询。

附 1：范例

法律咨询会见方案 1

（以赵某为咨询者）

一、会见目的

初步了解这起案件的起因、经过，识别信息，在了解赵某的具体诉求的基础上搜索现有的证据材料，在甄别对赵某有利与不利的信息基础上，为其提供具体可行的咨询方案，在法律许可的范围内，为其争取最大利益。

二、咨询要点

这是一起婚姻家庭纠纷，预计当事人可能要了解是否可以提起离婚诉讼，离婚之后财产应当如何分割的相关事宜。

三、可能涉及的问题

1. 赵某是否可以提起离婚诉讼？有无胜算？
2. 哪些财产为夫妻共同财产，哪些财产归夫妻各自所有？
3. 若提起离婚诉讼，财产如何进行分割？
4. 刘某的债务赵某是否需要共同清偿？
5. 赵某是否可以提出离婚损害赔偿或精神抚慰金？

四、可能涉及的法律法规及责任划分

1. 关于赵某提起离婚诉讼的问题，离婚请求权是形成权，即一方当事人的意思表示就能发生法律效力的权利，赵某可以向人民法院提起离婚诉讼。《民法典》第1079条规定，一方重婚或与他人同居的，经调解无效应准予离婚。赵某的丈夫刘某与公司职员李某同居，符合准予离婚的法定情形，若调解不成可以准予离婚。

2. 关于双方共同财产及个人所有财产的认定，根据《民法典》第1062条规定，夫妻在婚姻关系存续期间，工资、奖金、劳务报酬，生产、经营、投资的收益，知识产权的收益，继承或者受赠的财产等以及其他应当归共同所有的财产为夫妻共同所有。赵某及刘某婚姻存续期间的工资、经营所得、赵某的稿费2万元为夫妻共同财产。

根据《民法典》第1063条规定，一方的婚前财产；一方因受到人身损害获得的赔偿或者补偿；遗嘱或者赠与合同中确定只归一方的财产；一方专用的生活用品等归夫妻各自所有。刘某婚前所购的房产为刘某个人所有。

3. 关于若提起诉讼，双方财产的分割，根据《民法典》第1087条第1款，离婚时，夫妻的共同财产由双方协议处理；协议不成的，由人民法院根据财产的具体情况，按照照顾子女、女方和无过错方权益的原则判决。若要离婚，赵某可以与刘某协议夫妻共同财产的分割，若协议不成，原则上平等分割，由人民法院根据财产的具体情况，照顾子女和女方权益原则判决。归夫妻各自所有的不进行分割，房产为刘某所有，婚后装修的26万元，由刘某补偿赵某。

4. 关于夫妻以一方名义设立的个人独资企业的归属问题。《婚姻法解释（二）》第18条规定，夫妻以一方名义投资设立独资企业的，人民法院分割夫妻在该独资企业中的共同财产时，应按照以下情形分别处理：①一方主张经营该企业的，对企业资产进行评估后，由取得企业的一方给予另一方相应的补偿；②双方均主张经营该企业的，在双方竞价基础上，由取得企业的一方给予另一方相应的补偿；③双方均不愿意经营该企业的，按照《个人独资企业法》等有关规定办理。

5. 关于双方婚姻关系存续期间的债务，根据《民法典》第1089条，离婚时，夫妻共同债务应当共同偿还。共同财产不足清偿或者财产归各自所有的，由双方协议清偿；协议不成的，由人民法院判决。

由于刘某的债务是夫妻共同生活期间企业所负，遂应认定为夫妻共同债务，赵某与刘某应当共同清偿。

6. 关于赵某是否可以提起精神损害赔偿的问题，根据《民法典》第1091条，有配偶者与他人同居导致离婚的，离婚时无过错方可以提出精神损害赔偿，故赵某作为无过错方可以向刘某提起精神损害赔偿。

五、解决途径

1. 与刘某协商，给其一次机会或提出离婚。

2. 在第三方的主持下进行调解，可找双方共同认识的朋友或双方所在地的居民委员会等进行调解。

3. 若协商离婚不成，可到刘某所在地的基层人民法院提起离婚诉讼。

六、方案利弊分析

1. 如果选择协商，优点为：双方结婚多年，有一定的感情基础，通过协商解决问题不至于使关系闹僵；缺点为：协商过程中有可能存在争执，互不退让，容易使感情恶化。

2. 如果选择调解，优点为：在第三人的开导下，双方趋于理性，能够更加冷静地解决问题；缺点为：家丑不可外扬，双方顾及自己的面子，调解效果不理想。

3. 如果选择诉讼，优点为：在证据充足的情况下，能够得到法院的支持，结果相对公平公正；缺点为：无论结果如何，双方感情都难以复原，且诉讼成本高、时间长。

七、可能出现的意外及对策

问题：赵某过于激动，怎么办？

对策：先对其进行安抚，待其情绪稳定后再做法律咨询。

附2：

法律咨询会见方案2

（以刘某为咨询者）

一、会见目的

了解这起案件的起因、经过及结果，识别信息，在了解刘某的具体诉求的基础上搜索现有的证据材料，在甄别对刘某有利与不利信息的基础上，为其争取最大的利益。

二、咨询要点

这是一起关于婚姻家庭的纠纷，涉及刘某与赵某是否符合离婚情形、夫妻共同财产如何认定、个人财产如何认定等相关问题。

三、可能涉及的问题

1. 哪些属于夫妻共同财产？

2. 哪些属于个人财产？

3. 如何认定夫妻共同财产及个人财产？

4. 关于个人独资企业属于何种出资方式？

5. 刘某以自己名义向王某借款100万元的债务由谁偿还？

四、解答思路

（一）夫妻共同财产及个人财产的认定

《民法典》第1062条规定，夫妻在婚姻关系存续期间所得的下列财产归夫妻共同所有，其中生产、经营的收益、知识产权的收益归夫妻共同所有。本案中，赵某在婚后得到的稿酬是夫妻共同财产。

根据《民法典》第1063条的相关规定，有下列情形之一的为夫妻一方的财产，其中包括夫妻一方的婚前财产。本案中刘某在婚前购买的价值150万元的房子属于其个人财产。

本案中，刘某与赵某婚后共花费26万元对房屋进行装修，属于婚姻存续期间的共同支出。

《个人独资企业法》第18条规定，个人独资企业投资人在申请企业设立登记时明确以其家庭共有财产作为个人出资的，应当依法以家庭共有财产对企业债务承担无限责任。

本案中，2016年12月，夫妻二人以刘某的名义投资设立了一家个人独资企业，一直由刘某经营。这属于以家庭共有财产作为个人出资的个人独资企业，应当以夫妻共同财产对企业的债务承担无限责任。再者，2018年10月，由于企业经营缺少资金，刘某以自己的名义向其朋友王某借款100万元用于企业的经营活动，这属于夫妻共同生活期间企业所负的债务，根据《民法典》第1089条的规定，离婚时夫妻共同债务应当共同偿还。刘某、赵某应当共同承担100万元债务。

（二）离婚程序

根据《民法典》第1079条的规定，人民法院审理离婚案件，应当进行调解；如感情确已破裂，调解无效的，应准予离婚。调解无效，应准予离婚的情形包括重婚或有配偶者与他人同居的。

本案中，刘某在经营企业过程中与企业员工李某产生感情，并与之同居。若刘某到人民法院提起离婚诉讼，人民法院应当先进行调解，若调解不成，则应准予其离婚。

五、可能发生的问题以及对策

问题1：刘某认为个人独资企业以自己名义投资，并一直由自己经营，应归自己所有。

对策1：依据法律详细分析其归属问题，告知刘某其企业的性质，明确划分企业归属问题。

问题2：刘某婚后与李某同居，想与赵某离婚，但刘某不愿意给予赵某补偿。

对策2：依据《民法典》相关规定，让刘某明白其作为过错方所要承担的责任。

六、方案利弊分析

（一）通过人民调解委员会调解

优点为：调解周期短，付出的时间精力较少，可以尽量维持夫妻之间的情分。建议刘某重拾旧情，营造良好的家庭氛围。通过法律咨询让其明白作为过错方所应承担的责任。

（二）到法院起诉离婚

缺点为：诉讼周期长，成本较高，刘某起诉到法院离婚，作为个人独资企业的经营人，与第三者同居有损个人及企业的形象，可能会带来不利的影响。告知刘某作为过错方，可能会面临赵某的离婚精神损害赔偿。

【巩固训练案例2】

原告与被告于2012年6月21日在广州市花都区民政局登记结婚。双方于2012年11月17日生育一儿子，现年6岁，一直由原告抚养生活。现原告称双方因感情不和，长期冷战，无论是对原告、被告还是儿子都是一种精神摧残，每次见面剩下的只有吵架，原、被告双方已经彻底死心，仅存夫妻之名，已无夫妻之实，并且自2017年7月左右起已经开始异地分居，现原告提起离婚诉讼。审理中原告确认被告婚前的旧房屋被拆迁并获得了补偿款60万元，被告于2013年12月30日将该款60万元转账给原告。原告认为该款是被告对其的赠与，作为婚前的彩礼。被告认为60万元是被告婚前财产的拆迁补偿款，要求原告返还被告30万元。原告与被告无其他夫妻共同财产。[1]

【训练案例分析思路】

1. 你是否支持原被告双方离婚，请说明理由。

2. 原被告双方婚后生育的小孩年仅6岁，应该由谁抚养，为什么？

3. 原告起诉离婚，被告同意离婚，但是对本案中60万元的拆迁补偿款要求原告返还30万元，你认为应当如何处理？

4. 为本案写一份案件分析提要。

附3：

案件分析提要范例

【案情简介】[2]

1972年于某与宁某结婚，婚后双方未生育子女，收养一女于甲。2005年5月25日，于某、宁某以股东身份出资成立真盛公司，其中于某出资45万元占90%股份，宁某出资5万元占10%股份。2008年双方感情不和，商谈协议离婚。同年1月22日，于某给付宁某现金200万元，宁某当日出具本人签名的收条一张，称“因我宁某与于某离婚，现收到于某给予我的离婚分割款人民币现金贰佰万元整”。2008年4月19日，于某与宁某签订离婚协议一份。2008年5月25日，于某给付宁某现金110万元，宁某出具收条。宁某获得310万元及按摩床一张后，将公司成立时出资5万元的出资凭证（收款收据）交回给于某。离婚后，宁某未办理股东变更手续，也未参与任何公司事务。

2008年5月28日，潍坊市奎文区人民法院就于某诉宁某离婚案作出（2008）奎开民一初字第296号民事调解书，于某与宁某达成协议：双方离婚；夫妻共同财产双方已析清，双方再无争议；双方无夫妻共同存款，如有夫妻共同债权债务，由于某享有和承担；双方无其他争议。2008年6月6日，于某立遗嘱将财产遗赠给张某，称“自愿把全部财产让张某继承，永不反悔”。

2009年8月31日，于某与张某在昌乐县民政局办理结婚登记手续。2016年6月25日，于某因病去世。宁某在于某去世后，以持有真盛公司10%股份为由，入驻公司。张某遂向昌乐县法院提起诉讼，请求确认宁某名下真盛公司10%的股权归于某所有。

---

〔1〕 案例来源：广州市花都区人民法院判决书（2017）粤0114民初8317号，有删减。

〔2〕 案例来源：2018年全国司法职业院校法律实务技能大赛，法律事务处理案例，有改动。

于甲作为第三人参加诉讼，主张自己对于某的遗产享有继承权。

原告张某认为，于某与宁某离婚时已对夫妻全部财产进行了分割，根据《公司法》的规定，未经变更登记的，不得对抗第三人，但并不影响股权转让的效力，宁某名下10%的份额应归于某所有。被告宁某认为，离婚时分割的财产不包括真盛公司的股权，宁某名下10%的真盛公司股权应当属于宁某个人财产。第三人于甲认为，于某与宁某离婚时并未对真盛公司的股权进行分割，自己与于某有父女关系，如果宁某名下10%的份额属于于某的遗产则自己享有法定继承权。于甲对遗嘱的真实性有异议，经昌乐县法院委托，天津天鼎物证司法鉴定所对该遗嘱进行了鉴定，确认为于某书写。

【证据材料】

1. 于某、宁某、于甲常住人口登记卡；
2. 于某户籍证明；
3. 离婚协议；
4. 民事调解书；
5. 于某、张某结婚登记审查处理表；
6. 鉴定意见书；
7. 真盛公司企业信用信息公示系统备案信息。

【案件分析提要】

一、案件事实概况

（一）案件概括

1. 于某与宁某（前妻）于1972年结婚，婚后收养一女于甲。2005年5月25日，于某与宁某以股东身份出资成立真盛公司，其中于某出资45万元占90%股份，宁某出资5万元占10%的股份。

2. 2008年双方协议离婚，于某给予宁某310万元及按摩床一张（已经交付）。双方对夫妻共同财产已析清，双方无争议，如有夫妻共同债权债务，由于某享有和承担；双方无其他争议。协议签订后，人民法院对离婚调解协议书进行了确认。其后，宁某将公司成立时出资的5万元出资凭证交回给于某，但未办理变更手续，也未参与任何公司业务。

3. 2008年6月6日，于某设立遗嘱将所有财产遗赠张某。2009年8月31日，于某、张某二人办理结婚登记。2016年6月25日，于某因病去世。在于某去世之后，宁某以其持有真盛公司10%股份为由入驻公司。妻子张某遂向法院提起诉讼，请求确认宁某名下的股份为于某所有。于甲作为第三人参加诉讼，主张自己是于某的女儿享有继承权。

（二）争议焦点

1. 于某、宁某离婚时的协议是否包括真盛公司的股权？

2. 于某留下的遗嘱是否有效？

3. 于甲能否对宁某名下10%的股权份额享有继承权?

（三）本案证据

1. 于某、宁某、于甲常住人口登记卡，说明三者之间的关系。

2. 于某户籍证明，证明于某已于2016年因病去世。

3. 离婚协议，证明双方在离婚时已就离婚事宜协商一致。

4. 民事调解书，说明双方是自愿调解。

5. 于某、张某结婚登记审查处理表，证明双方婚姻关系。

6. 鉴定意见书，证明遗嘱系于某亲笔所写。

7. 真盛公司企业信用信息公示系统备案信息，证明宁某持有的10%股权份额未进行变更。

（四）争议主张

1. 事实层面：离婚财产分割时是否包含了对公司股权的分割?

2. 法律层面：谁拥有10%的股权?

二、法律关系分析

（一）法律关系

1. 于某与宁某的婚姻关系。于某与宁某于1972年登记结婚，双方共同出资设立的真盛公司为婚姻存续期间共同经营的公司，根据《民法典》第1062条，该公司所得收入归夫妻共同所有。

2. 于某、宁某与于甲的养子女关系。《民法典》第1111条规定，养父母与养子女间的权利义务关系与父母子女之间的权利义务一致；根据《民法典》第1127条规定，于甲为于某的第一顺序继承人。

3. 于某与张某的婚姻关系。于某与张某于2009年8月31日登记结婚，根据《民法典》第1127条规定，张某为于某的第一顺序继承人。

（二）法律关系分析

于某与宁某离婚时，已经根据《婚姻法》（现为《民法典》第1087条）协议分割财产，根据人民法院作出的（2008）奎开民一初字第296号民事调解书，双方共同财产已析清，双方再无争议；于某给付宁某310万元，宁某将公司出资凭证交付给于某，可以看出，于某与宁某在分割夫妻共同财产时，已将公司股权一并分割，再无争议。因为于某留下的遗嘱为自书遗嘱，由鉴定机构给予鉴定，为于某亲自书写，该遗嘱有效。

三、案件解答思路

首先，于某与宁某协议离婚时，于2008年4月19日签订离婚协议，于某5月25日给付宁某现金110万元，宁某为其出具收条，并将公司成立时出资5万元的出资凭证（收款收据）交给于某，未办理股东变更手续。根据《公司法》第32条，公司股东未变更登记不得对抗第三人，且在本案中宁某非第三人。故宁某主张名下10%的份额归自己所有，不予支持。

其次，于某立遗嘱将全部财产遗赠给张某时，具有完全民事行为能力，并且是其真实的意思表示，故遗嘱有效。

最后，于甲为于某的养女，根据《民法典》第1127条规定，是于某的第一顺序继承人，可以继承于某的遗产。但是于某立有遗嘱，将财产赠与张某，根据《民法典》第1123条规定，继承开始后，应先按照遗嘱继承，故于甲不能继承于某的财产。

综上所述，宁某名下10%的份额属于于某的遗产，归张某继承，宁某胜诉率较小，可以通过协议或调解，争取利益最大化；如败诉，应配合张某进行股权变更登记。张某胜诉率较大，因离婚协议中包含了股权转让内容。如果10%的股权被确定为于某遗产，于甲在其后的分割遗产诉讼中也无法分得遗产，因为于某已将自己所有财产遗赠给张某，遗赠是于某真实的意思表示。

本案为确权纠纷，对于原被告之间争议的法律关系，第三人于甲并不能提出独立的请求，其提出的继承请求与争议的确权纠纷不是同一法律关系，应在本案确权纠纷处理后，另行起诉，故对于甲的起诉，应予驳回。

【巩固训练案例3】

欧某与甲某自愿达成离婚协议并约定财产平均分配，婚姻关系存续期间的债务全部由甲某偿还。经查，欧某以个人名义在婚姻存续期间向蓝某借款10万元用于购买婚房。

请问：蓝某是否有权要求欧某偿还10万元借款？如欧某偿还了，是否有权向甲某追偿？[1]

【训练案例分析思路】

1. 本题考核离婚时的债务清偿问题。

2. 参考《婚姻法解释（二）》第24条、第25条第2款规定分析。

【巩固训练案例4】

甲与乙离婚并达成协议：婚生男孩丙（3岁）由乙（女方）抚养，如双方中一方再婚，丙则由另一方抚养。后乙在丙6岁时再婚，甲去乙家接丙回去抚养，乙不允。甲即从幼儿园将丙接回，并电话告知乙。为此，双方发生争执，诉至法院。

请问：甲欲行使对丙的抚养权，应如何解决？[2]

【训练案例分析思路】

1. 本题考核父母对子女的抚养问题。

2. 参考《婚姻法》中父母对子女的抚养权、探望权、变更抚养权的有关规定分析。

---

〔1〕 案例来源：2011年司法考试试题。

〔2〕 案例来源：2002年司法考试试题。

3. 制作一份调解书。

实训项目四　离婚时的经济补偿

能力目标

清楚夫妻共同财产分割时的经济补偿及对经济困难一方的帮助原则。

实训案例

甲男和乙女于1993年5月登记结婚，1994年共同生育了儿子。婚前，甲和他人共同投资成立了一家花卉培育种植有限责任公司，甲的出资额占48%。婚后，乙为了支持甲的工作，辞职在家做全职家庭主妇，抚育儿子，照顾家庭。在甲和其他股东的共同努力下，公司生意越做越红火，成为某市公园节日绿化的主要供应花卉企业。2000年9月甲、乙协商后，甲因开拓业务需要将家庭财产进行评估后全部转到甲的名下，乙办好甲所需要的全部手续后，2016年5月10日甲提起离婚诉讼。乙在极力挽回无望之后，决然同意离婚，但要求分割包括甲股权在内的夫妻共同财产，及请求对她在婚姻关系存续期间履行的家庭义务进行补偿。甲同意离婚，但不愿意承担经济补偿。人民法院经审理查明，甲在婚姻关系存续期间共分得红利200万元。甲提起离婚诉讼时其出资额体现的资产价值为1200万人民币。但因双方未书面约定婚姻存续期间所得的财产归各自所有，乙虽然抚育儿子、照顾家庭，尽了主要义务，但不能要求对方补偿，遂判决驳回了乙的这一诉讼请求。

实训目标

通过案例实训和查找法律条文，进一步掌握夫妻共同财产分割时的经济补偿及对经济困难一方的帮助原则的认定，学会处理法律纠纷，对案件作出准确判断。

实训方法

讨论法、分析法、辩论法、制作法律文书。

实训步骤

1. 学生分组进行讨论，先在本组形成意见。讨论重点为：夫妻共同财产分割时的经济补偿及对经济困难一方的帮助原则的认定问题；准确认定《民法典》第1087条、第1088条、第1090条的规定；了解夫妻共同财产分割时的经济补偿及对经济困难一方帮助的条件。

2. 各小组进行交流，阐述本组意见，并共同分析得出结论。

3. 教师总结归纳，形成对本案的处理意见。

学理分析

本案中，甲提起离婚诉讼，乙同意离婚。离婚即使夫妻人身关系消灭，也使夫妻共同财产关系结束，发生夫妻共同财产的分割。《民法典》第1087条第1款规定，离婚时，夫妻的共同财产由双方协议处理；协议不成的，由人民法院根据财产的具体情况，按照照顾子女、女方和无过错方权益的原则判决。在分割夫妻共同财产时，应当区别夫妻共同财产与夫妻个人财产，不能将夫妻个人财产纳入财产分割的范畴。同时《民法典》第1088条规定，夫妻一方因抚育子女、照料老年人、协助另一方工作等负担较多义务的，离婚时有权向另一方请求补偿，另一方应当给予补偿。具体办法由双方协议；协议不成的，由人民法院判决。夫妻双方对家庭义务是同等的，一方在抚养子女照料老人、协助另一方工作等付出较多义务的，离婚时有权向另一方请求补偿。

本案中，乙婚后在抚养子女、照料老人、协助另一方工作方面付出较多义务，因此可以依据《民法典》第1088条离婚时乙有权向甲请求补偿，从照顾女方权益原则判决适当多分。

通过本案例我们可以看出，夫妻一方在婚姻关系存续期间因抚育子女、照料老人、协助另一方工作等付出较多义务时，基于夫妻双方权利义务平等的原则，可向对方请求补偿。这和《婚姻法》第40条仅将补偿请求权赋予分别财产制中的付出义务较多方，没有赋予共同财产制下的付出义务较多方，不因分别财产制或者共同财产制而有区别。这是《民法典》的一大进步，体现了对抚养子女、照料老人等付出家庭义务较多一方的平等保护。

实训巩固训练

【巩固训练案例1】

三年前，家住郑州市中山路泰宁社区的兰某与前夫离婚后，与在银行工作的欧某结婚，当时欧某也刚离婚。双方约定：夫妻关系存续期间的财产各归各的。婚后，欧某因经常忙于银行的业务很少照顾家庭，家里的一切事情和体弱多病的婆婆全由兰某一人照顾。兰某是一名小学老师，工作本来就很紧张，短时间还“杠”得住，时间一长，就有点受不了了，便要和欧某离婚，还要欧某给予其三年的“劳务补偿”。

2018年1月5日两人到郑州市中山路司法所进行调解。

【训练案例分析思路】

1. 本题考核的是离婚时经济补偿权的规定。

2. 对兰某的“劳务补偿”请求应如何处理？

3. 写一份民事调解书。

【巩固训练案例2】

原、被告（女）于1997年因工作原因自由恋爱，1998年3月12日登记结婚，1998年9月3日生育儿子万某某。婚后初期，双方感情尚可，但随后原告于2009年赴上海工作，双方相聚变少，缺少沟通和理解，以致家庭矛盾加剧，原告曾向某法院提起离婚诉讼，某法院主审法官要求念在儿子尚在中考期间，故对原告做了思想工作，于2012年11月16日判决不准原、被告离婚。原告为孩子着想，在孩子高中期间未贸然继续起诉离婚，但双方感情并未愈合，原告继续在上海工作、生活，后于2016年以团队方式承包了上海中亚饭店厨房工作。至今为止原、被告双方分居已有5年多时间，儿子万某某已成年，目前入读大学。故原告于2017年12月6日再次向法院提起诉讼，请求判决双方离婚，给予双方自由。双方没有购置房产、车辆，仅有银行存款20万元，也没有其他债务。被告同意离婚，但以自己多年没有工作，生活相对困难，夫妻长期分居，一直自己单独抚养小孩，承担了主要抚养义务为由，要求处理夫妻财产时给予照顾，将20万元存款全部给她，原告不同意多分财产给被告。

【训练案例分析思路】

1. 本题考核的是《民法典》第1090条“离婚时困难一方的帮助请求权”。

2. 对被告的请求应如何处理？请你为她写一份离婚答辩状。

3. 如原告坚决不同意多分财产给被告，被告坚持，双方互不让步的情况下，人民法院判决20万元存款给被告，原告不服，提起上诉。请你为他写一份离婚上诉状。

4. 2019年2月6日，被告得知，2013年11月，原告以100万元在上海购买一房一厅，在办理离婚手续时并没有告诉被告，致使100万元的夫妻共同财产的房屋为原告独占，因而于2019年2月8日向人民法院起诉，要求主持重新分割这部分财产。后法院查明，2017年12月双方离婚时原告隐瞒了此房屋的存在。对原告隐瞒的此房屋，你认为应该如何处理？被告能请求吗？在什么期间内可以请求？

【操作指引】

1. 接待婚姻当事人关于离婚的相关法律问题咨询。

（1）要了解当事人的婚姻基本情况。重点问清楚双方什么时候结婚；婚前婚后的感情怎么样；夫妻共同财产和个人财产分别有哪些；有没有子女，如有，子女多大了；现在的婚姻出现了什么问题或有什么矛盾；当事人自己打算怎么办，当事人的最终目的是什么；等等。

（2）在详细了解双方的婚姻状况后，判断双方是否符合离婚的条件。如当事人强烈要求离婚，就当事人离婚方式和途径的选择、共同财产的分割、子女的抚养、离婚时的损害赔偿等问题提出合法合理的建议。

2. 就本案纠纷解答当事人的相关疑惑。

（1）告知当事人本案属于应当准予离婚的情况。根据《民法典》第1079条的规定，因感情不和分居满2年的，人民法院调解无效，应准予离婚。本案中，原告与被告分居已有5年多时间，坚决要求离婚，应当准予离婚。

(2) 告知当事人如果要离婚，可以选择协议离婚，也可以选择起诉离婚。根据《民法典》第1076条的规定，男女双方自愿离婚的，准予离婚。双方应当签订书面离婚协议，并必须到婚姻登记机关申请离婚。婚姻登记机关查明双方确实自愿并对子女和财产问题已有适当处理时，发给离婚证。如果有一方不愿意离婚，另一方就只能到法院去起诉离婚。

(3) 就本案涉及的夫妻共同财产分割问题，告知当事人可分别作如下处理：双方没有购置房产、车辆，仅有银行存款20万元，也没有其他债务。被告同意离婚，但以自己多年没有工作，生活相对困难，夫妻长期分居，一直自己单独抚养小孩，承担了主要抚养义务为由，要求处理夫妻财产时给予照顾，将20万元存款全部给她。在分割时可根据具体情况对被告予以多分，原告虽不同意多分财产给被告，但基于他对家庭付出较少又经常外地居住可以少分或不分。

3. 告知当事人如果要起诉离婚，必须做好相关证据的收集和保全工作。本案中要收集的主要证据有：①婚姻关系证明；②离婚理由的事实证据；③家庭财产清单及债权、债务的证明材料，如果财产已经转移，应提供转移处所有关证据；④双方经济收入的证明材料；⑤住房情况的证明材料；⑥一方与他人同居的证明材料等。

4. 帮助婚姻当事人起草离婚答辩状或离婚上诉状。

附1：

离婚答辩状

答辩人：________

因____________一案，现提出答辩如下：______________________________

____

此致

________人民法院

答辩人：________

________年________月________日

附：本答辩状副本________份

填写说明：

1. 答辩的理由，是答辩状的主体部分，通常包括以下内容：一是就案件事实部分进行答辩；二是就适用法律方面进行答辩。

2. 提出答辩主张，即对原告起诉状或上诉人上诉状中的请求是完全不接受，还是部分不接受，对本案的处理依法提出自己的主张，请求法院裁判时予以考虑。

附 2：

离婚上诉状

上诉人：________

被上诉人：________

上诉人因______________一案，不服人民法院________年________月________日（________）字第___号判决（裁定），现提出上诉。

上诉请求：__________________

上诉理由：__________________

此致

________人民法院

上诉人：________

________年________月________日

附：本上诉状副本________份

填写说明：

1. 上诉请求。首先要综合叙述案情全貌，接着写明原审裁判结果。其次指明是对原判全部或哪一部分不服。最后写明具体诉讼请求，是要撤销原判、全部改变原判还是部分变更原判。

2. 上诉理由。主要是针对原审裁判而言，而不是针对对方当事人。针对原审判决、裁定论证不服的理由，主要是以下方面：①认定事实不清，主要证据不足；②原审确定性质不当；③适用法律不当；④违反了法定程序。

实训项目五　夫妻婚内损害赔偿问题

能力目标

清楚我国《民法典》婚姻家庭编对婚内损害赔偿责任的规定现状，了解《民法典》侵权责任编对侵权民事责任的规定。

实训案例

2011 年 6 月 10 日，甲因对丈夫乙经常赌博不满引发家庭纠纷，双方发生激烈争吵，乙遂对甲拳打脚踢，致甲身上多处皮肤青紫，甲随后报警，公安机关以家庭纠纷为由口头教育了乙。第二天早上，甲正欲骑车上班，乙上来飞起一脚踢在甲的腹部，甲在无任何防备的情况下，身体突然倒地，刚巧碰撞在旁边的大石头上，导致右额受伤，并导致流产。甲为此住院 16 天，花去医疗费 3 万元。但甲考虑到双方自由恋爱尚有一定的感情，还有一个 6 岁的孩子，不愿意离婚，希望通过诉讼惩罚一下乙，要求乙对其实施家庭暴力赔礼道歉，并赔偿其医疗费3万元、精神损害抚慰金5000元。诉讼中，乙拒不承认对甲实施了家庭暴力。人民法院经过审理查明，乙对甲拳打脚踢有报警记录和医院证明，并有邻居为证，事实确凿、证据充分。遂作出判决：①乙向甲赔礼道歉；②乙赔偿甲医疗费3万元、精神损害抚慰金5000元。

实训目标

通过案例实训和查找法律条文，了解《民法典》侵权责任编对侵权民事责任的规定并不排斥对婚内损害赔偿责任的调整，进一步掌握婚内损害赔偿责任的认定，学会处理法律纠纷，对案件作出准确判断，并能熟练制作法律文书。

实训方法

讨论法、分析法、模拟辩论法、咨询法。

实训步骤

1. 学生分组进行讨论，先在本组形成意见。讨论重点为：《民法典》婚姻家庭编对婚内损害赔偿责任的规定及现状，《民法典》侵权责任编对侵权民事责任的规定。

2. 各小组进行交流，阐述本组意见及观点。

3. 各小组推举代表以正反双方模拟辩论。

4. 教师总结归纳，形成对本案的处理意见。

学理分析

婚姻关系存续期间，夫妻一方不要求离婚而只要求对方承担侵权责任，是我国近年来出现的新型案例。夫或妻作为独立的自然人个体，应当享有民事法律上的权利，承担民事法律上的责任。《民法典》第1165条规定：“行为人因过错侵害他人民事权益造成损害的，应当承担侵权责任。依照法律规定推定行为人有过错，其不能证明自己没有过错的，应当承担侵权责任。”第1166条规定：“行为人造成他人民事权益损害，不论行为人有无过错，法律规定应当承担侵权责任的，依照其规定。”第1167条规定：“侵权行为危及他人人身、财产安全的，被侵权人有权请求侵权人承担停止侵害、排除妨碍、消除危险等侵权责任。”因此，夫妻一方实施了侵害另一方生命权、身体权、健康权、名誉权等的行为，符合侵权责任的构成要件时，应当承担侵权的民事责任。在婚姻关系存续期间，夫妻一方实施了侵害另一方民事权利的行为，应当承担《民法典》规定的侵权的民事责任。夫或妻作为民事权利主体，和其他自然人的民事权利应当纳入民法的同等保护之下，夫或妻的身份不应成为侵权民事责任构成的障碍，也不应成为行为人享有侵权责任豁免权的理由。本案中，人民法院判决乙承担侵犯甲身体健康权的民事责任是符合法律规定的，应当依照法律所规定的侵权责任的构成条件加以确定。

离婚损害赔偿包括物质损害赔偿和精神损害赔偿。对于物质损害赔偿，可以责令赔偿义务主体以支付赔偿金等方式承担；而对于精神损害赔偿，则可以根据无过错方的请求判令赔偿义务主体赔偿其相应的精神损害抚慰金。婚内损害赔偿责任的承担有《民法典》作为法律依据，不存在法律适用的问题。问题在于承担损害赔偿责任的财产上。我国的法定财产制为婚后所得共同制，即在婚姻关系存续期间所得的财产归夫妻共同所有。对于共同财产，在婚姻关系终止前，任何一方不得提出分割要求，人民法院也无权进行强制分割。如此，婚内损害赔偿责任承担的结果，就等于行为人将共同财产中的一部分拿出来交给受害人，无异于把左口袋里的钱放在右口袋里，失去了损害赔偿的意义。在夫妻方根据《民法典》承担婚内侵权赔偿责任的情况下，法定财产制难以达到受害人及时得到赔偿的结果，必须等待离婚或一方死亡终止共同财产关系时才能实现赔偿，这显然有悖"惩罚过错方、救济受害方"的婚姻立法精神。因此，非常财产制的建立就成为必要[1]。

本案中，乙因甲抱怨他赌博就对甲大打出手，侵犯了甲的身体健康权。甲在不离婚的情况下，向人民法院提起诉讼，要求乙承担侵权民事责任，属于婚内损害赔偿请求，按照《民法典》的规定，乙的行为具备侵权民事责任的构成要件，甲的请求应当得到法院的支持。因此人民法院判决乙向甲赔礼道歉并赔偿甲医疗费3万元，精神损害抚慰金5000元，是符合法律规定的。

实训巩固训练

【巩固训练案例】

2015年5月15日，甲因怀疑丈夫乙有婚外恋引发家庭纠纷，引起乙的不满，乙对外捏造甲有精神病的事实，遂强行将甲关进家里的地下室，并反锁大门不准甲出门，六天后，甲被允许出门。出来后，甲以乙侵犯其人身自由为由，要求乙赔礼道歉，赔偿精神损失费5万元。乙坚决不肯赔偿，甲非常气愤又不想离婚，只想通过诉讼惩罚丈夫，于是以乙限制其人身自由、侵犯其身体健康权为由前往律师事务所咨询。请你为前来咨询的甲做咨询解答。

【操作指引】

1. 接待咨询时要注意了解清楚双方的感情是否确已破裂，以及破裂的原因；了解是否存在过错方以及相关证据；了解子女的相关情况及离婚后抚养权问题；了解夫妻间的共同债权、债务；了解不动产之外的其他情况。

2. 告诉甲如果不选择离婚，权益不一定能得到全部实现，而诉讼的优势是可以最大化争取自己的权益，但耗时长。

---

〔1〕 内容参见马忆南编著：《婚姻家庭继承法学》，北京大学出版社2007年版，第98页。

3. 重点帮助甲分析精神损害赔偿及数额问题。

4. 如果甲对丈夫心灰意冷又想离婚，请你为她分别写一份离婚协议书和离婚起诉状。

【训练案例分析思路】

关于离婚精神损害抚慰金的数额，《婚姻法解释（一）》第28条规定，涉及精神损害赔偿的，适用《最高人民法院关于确定民事侵权精神损害赔偿责任若干问题的解释》的有关规定。该解释第10条规定，精神损害赔偿的数额根据以下因素确定：①侵权人的过错程度，法律另有规定的除外；②侵权人侵害的手段、场合、行为方式等具体情节；③侵权行为所造成的后果；④侵权人的获利情况；⑤侵权人承担责任的经济能力；⑥受诉法院所在地平均生活水平等。

附1：

离婚协议书

协议人：甲，女，×岁，×族，自由职业，住×市×区×路×号，身份证号码：________________

协议人：乙，男，×岁，×族，自由职业，住×市×区路×号，身份证号码：________________

协议人双方于2010年1月经人介绍登记结婚，婚前双方了解不够，婚后感情一般，现夫妻感情确已完全破裂，双方经过充分考虑、协商，就自愿离婚、财产分割等事宜达成如下协议：

一、甲与乙双方自愿离婚。

二、双方共同财产已妥善分割处理（写明具体的分割处理情况）。

三、双方无共同债权，共同债务已清偿完毕。

四、双方生育子女……［如果有未成年子女，则必须写明子女的抚养情况，如：儿子×由原告抚养，由被告每月给付抚养费1800元，在每月10日前付清，直至儿子大学毕业，大学毕业之后的有关费用双方日后重新协商。被告可在×（时间）接儿子到其居住地，于×（时间）送回原告居住地；如临时探望，可提前×天与原告协商，达成一致后可按协商的办法进行探望。］

本协议一式叁份，双方各执一份，婚姻登记机关存档一份，在双方签字并在婚姻登记机关办理相应手续后生效。

男方：××　　　　女方：××

×年×月×日　　　　×年×月×日

附2：

离婚起诉状

原告：甲，女，×岁，×族，住×市×区×路×号，联系电话：××××××××

被告：乙，男，×岁，×族，住×市×区×路×号，联系电话：××××××××

案由：离婚

诉讼请求

[书写原告要求达到的目的，包括：请求判决离婚，子女的抚养权，抚养费的承担，对方抚养时探望权的请求，财产的分割，本人生活困难时请求对方给予经济帮助的方式及数额，对方重婚、与他人同居、实施家庭暴力或虐待、遗弃家庭成员时，请求损害赔偿的数额等。如：

一、要求与被告离婚；

二、夫妻共同财产依法平均分割（或×判归原告所有）；

三、被告一次性支付损害赔偿金×元给原告；

四、婚生儿子/女儿由原告抚养，被告一次性支付抚养费×元给原告，或被告每月支付抚养费×元，至儿子/女儿年满18周岁止（如有未成年子女的）；

五、案件受理费由双方承担（或由被告承担）。]

事实和理由

[主要陈述结婚、子女出生的具体时间，夫妻感情确已破裂并无和好可能的事实和依据，要从婚姻基础、婚后感情、离婚原因、夫妻关系的现状来说明夫妻感情破裂的事实及没有和好的可能。如果有法定离婚情形时，比如：重婚或与他人同居的；实施家庭暴力或虐待、遗弃家庭成员的；有赌博、吸毒等恶习屡教不改的；因感情不和分居满2年的等，应特别指出。字数根据具体情况酌定，不宜过于繁琐。如：甲乙双方于2010年1月经人介绍登记结婚，婚前双方了解不够，婚后感情一般，尤其是乙把甲关进家里的地下室，并反锁大门六天不准甲出门，导致夫妻感情完全破裂，为此，根据《中华人民共和国婚姻法》和《中华人民共和国民事诉讼法》的相关规定向贵院提起诉讼，请求依法判决。]

此致

×市×区人民法院

起诉人：甲（签名）
×年×月×日

模块五

亲子关系纠纷事务实训

实训项目一 婚生子女的推定、否认

能力目标

通过对本节案例实训，使学生了解父母子女关系的内容，掌握婚生子女推定、否认的相关法律规定，并具备运用该知识处理相关案件的实务技能。

实训案例

杨某诉张某确认亲子关系案[1]

原告杨某与被告张某于2004年1月登记结婚，婚后被告张某于2005年2月生下一女杨某某。原被告双方于2007年9月协议离婚，并约定杨某某由被告张某抚养，原告每月支付抚养费1500元。原、被告离婚后因为抚养费等原因，原告只探视过杨某某两次。2008年2月，原告诉至法院，以杨某某不是其亲生子女为由，要求被告返还原告已支付的子女抚养费1.86万元，并赔偿原告精神损失费5万元，同时承担本案的诉讼费用。

原告称，离婚后被告告诉原告，杨某某不是原告的亲生女儿，原告无权探望。原告还称，原告血型为O型，被告为A型，而杨某某却为B型，原告提出做亲子鉴定，但被告不同意。原告认为其非杨某某之父，无抚养杨某某之义务，同时被告违反夫妻忠实义务，给其造成巨大精神损害，故诉至法院。原告提供一份2007年1月21日在某酒店房间其与被告的谈话录音，该录音内容为：被告张某承认杨某某为其与他人所生，杨某某并非原告的亲生女儿，并承诺将来自行抚养女儿。

被告张某拒绝出庭，提交书面答辩称：不同意原告探视杨某某是因为双方对杨某

[1] 案例来源：(2008) 渝北法民初字第2390号。

某的抚养费发生了争议；原告对血型的陈述不是事实，被告不同意做亲子鉴定是担心对杨某某造成伤害；原告录音未经被告同意，且被告陈述时带有情绪，录音听不清是否系被告声音，对其真实性有异议。

原告杨某向法院申请做亲子鉴定，被告张某不同意并由其委托代理人提交了其本人签名的不同意做亲子鉴定的决定书。另，杨某到张某生产杨某某的医院调取张某与杨某某的血型资料，医院答复，因张某是顺产，医院无二人的血型资料。法院到杨某某就读的幼儿园调取杨某某血型等入园资料，但幼儿园告知办案法官，杨某某及其入园资料已被张某转走。

实训目标

通过对本案的模拟法庭实训，使学生了解什么是婚生子女的推定和否认，重点掌握婚生子女否认的相关法律规定，培养具备运用该知识处理相关案件的实务技能。

实训方法

模拟法庭辩论，制作本案的民事判决书。

实训步骤

1. 学生分组分别扮演原告方、被告方、审判人员等角色，对各自的主张进行模拟法庭辩论。

2. 学生讨论对本案应当如何处理，写出起诉状、答辩状。

3. 学生根据模拟法庭辩论结果制作本案的民事判决书。

学理分析

父母子女关系，又称亲子关系，在法律上是指父母和子女之间的权利和义务关系。父母子女是血亲关系中最近的直系血亲，为家庭法律关系的核心。婚生子女是指婚姻关系存续期间受胎而出生的子女。严格意义上的婚生子女应具备下列要件：①其父母间须有婚姻关系；②其为生父之妻所怀孕分娩；③其在父母的婚姻关系存续期间受胎或出生；④其为生母之夫的血缘。

婚生子女的推定是指子女系生母在婚姻关系存续期间受胎或出生，该子女被法律推定为生母与生母之夫的婚生子女。我国法律并无婚生子女推定制度。但是，《最高人民法院关于适用〈中华人民共和国民事诉讼法〉的解释》第 93 条及《最高人民法院关于民事诉讼证据的若干规定》第 10 条均规定，对于根据法律规定或者已知事实和日常生活经验法则能推定出的另一事实，当事人无需举证证明。故此，可以从婚生子女这一基础事实，根据日常经验法则，推导出该子女即为亲生子女的法律事实。本案杨某某因在杨某与张某婚姻存续期间出生，故法律推定杨某某为杨某与张某之亲生子女。

但婚生子女的父亲身份既然只是一种法律上的推定，就可能为相反的事实所推翻。在现代社会的婚姻关系中，婚外性行为在任何国家或地区都不可能因法律或道德的否定而完全杜绝。因此，受婚生子女的推定的子女有可能不是丈夫的子女。为了维护婚生父母子女关系的血缘真实性，使法律推定与事实尽可能相一致，以保护当事人的权益，让应尽义务的真正生父不致逃脱法律责任，实现法律的公正，各国婚姻家庭法在设立婚生子女的推定的同时，也允许提出对婚生子女的否认。利用血缘关系推翻根据婚姻关系所作的推定，是常见的推翻婚生子女推定的方法。推翻婚生子女推定的行为或主张，被称为婚生子女的否认。

本案中原告杨某否认杨某某为其亲生女儿并提交了录音证据，该证据对本案事实认定有重要作用，但张某经传唤拒绝出庭，放弃自己质证的权利。张某没有提供其他证据推翻录音资料中关于杨某某是其与他人所生小孩的陈述，因此张某应承担本案的不利后果。本案的核心问题是杨某与杨某某的身份关系，做亲子鉴定能够确认杨某与杨某某的身份关系，便于彻底解决纠纷，但张某在法院告知败诉风险的情况下，仍不予配合，根据《婚姻法解释（三）》第 2 条的规定，张某应承担败诉的后果。且本案中被告张某接走诉讼前仍在幼儿园的孩子，并且拿走孩子入园的体检资料（可能含有孩子血型等信息）是一种阻碍法院获取关键证据的行为，法院应对其作出不利的推定。综上，法院应认定杨某某非杨某的婚生子女，杨某对杨某某无抚养的责任和义务，张某应返还抚养费。因张某不忠实于夫妻感情，给杨某造成精神损害，应赔偿精神抚慰金。

实训巩固训练

【巩固训练案例】

张某与赵某甲于 2010 年初登记结婚，婚后经检查赵某甲先天无精，双方协商后在邯郸市某医院做了人工授精手术。2012 年 2 月张某生育一女，取名赵某乙。2012 年 11 月因家庭琐事，双方发生争吵，张某回娘家居住至今，赵某乙一直由赵某甲及其父母一起照顾和抚养。2013 年 1 月张某向法院起诉离婚，一审法院判决不准离婚。

2014 年 3 月张某再次诉至法院要求离婚，赵某甲同意离婚，但要求抚养孩子。并表示如果孩子由其抚养，其自愿承担孩子的抚养费用。张某表示赵某乙并非赵某甲的亲生子女，赵某甲先天性无精，无法生育，赵某乙为其人工授精所生女儿，与赵某甲并无血缘关系。赵某甲不可能发自内心地关心一个没有血缘关系的孩子，且孩子刚满 2 周岁，赵某甲无法照顾其生活，孩子跟随亲生母亲更为适宜。

【训练案例分析思路】

1. 分析本案争议的焦点是什么？

2. 讨论本案中赵某乙应当归谁抚养，其法律依据是什么？

3. 讨论本案中法院是否应将探视权和小孩的抚养问题一并作出处理？

实训项目二 非婚生子女的准正、认领

能力目标

通过本节案例实训，使学生了解非婚生子女的准正和认领制度，重点掌握非婚生子女的认领的类型和条件，培养学生在实务中处理此类案件的能力。

实训案例

杜某某与王某确认亲子关系纠纷[1]

杜某与被告王某在1998年10~12月间曾经谈过恋爱，期间两人发生过性行为，但未结婚。1999年9月杜某生育杜某某。出生医学证明父亲栏内登记为案外人刘某。2002年4月，杜某某诉至法院，要求确认原、被告存在亲生父女关系，并提交了证明其生母杜某与王某曾经同居的证据。王某承认与杜某某的母亲杜某曾谈过短暂的恋爱，发生过性关系，但否认杜某某为其亲生女儿。

一审法院认为，原告以其母亲与被告曾经谈过恋爱，并有过性关系为由，要求确认双方之间的生身关系，但原告未能提供其系被告所生的证据。据此，判决对原告的诉讼请求不予支持。杜某某不服一审判决，上诉称：其与案外人刘某没有关系，要求杜某、刘某、王某共同做亲子鉴定，以确定自己的生身关系。被上诉人王某辩称：杜某某没有证据证明其与被上诉人之间存在亲子关系，要求维持原判。

二审审理中，杜某与案外人刘某向法院表示，为了查明事实，愿意做亲子鉴定。王某则坚持不愿做亲子鉴定。根据杜某某的申请，法院委托鉴定机构对杜某某与刘某、杜某进行亲子鉴定。2002年12月，相关机构出具亲子鉴定报告，结论为排除刘某与杜某某有亲子关系。

实训目标

通过对本案例的实训，使学生掌握我国非婚生子女的认领制度，以及认领后产生的法律后果，从而具备实务中处理此类案件的能力。

实训方法

课堂讨论，并形成对本案的处理意见。

---

〔1〕 中国法制出版社编著：《婚姻家庭法律适用全书》，中国法制出版社2010年版，第227页。

实训步骤

1. 讨论本案涉及的是婚姻家庭关系中的什么问题，本案中杜某某是否已经尽到了请求确认亲子关系的举证义务？

2. 讨论证明亲子关系的最直接的证据是什么？王某拒绝做亲子鉴定的行为可能带来什么后果？

3. 讨论如法院认定了王某与杜某某间的亲生父女关系，将在二人间产生什么样的权利义务关系？

4. 撰写本案的书面处理意见。

学理分析

非婚生子女是指没有婚姻关系的男女所生的子女，包括未婚男女所生的子女，已婚男或女与配偶以外的第三人发生性行为所生的子女，无效婚姻当事人所生的子女，妇女被强奸或诱奸所生的子女，以及可撤销婚姻当事人所生育的子女。我国法律使用了非婚生子女这个概念，但对于什么是非婚生子女，法律上并没有加以明确。对非婚生子女进行保护是当今世界各国的通行做法，非婚生子女在事实上与婚生子女一样都具有血缘关系，对其进行保护正是基于这个理由。我国《民法典》第 1071 条规定："非婚生子女享有与婚生子女同等的权利，任何组织或者个人不得加以危害和歧视。不直接抚养非婚生子女的生父或者生母，应当负担未成年子女或者不能独立生活的成年子女的抚养费。"可见，我国法律上的非婚生子女与婚生子女具有相同的权利义务。

非婚生子女与生母之间的关系基于分娩的事实可以非常容易得到确定，问题在于如何确定非婚生子女与生父之间的关系。对此，现代世界各国普遍确立了"认领"和"准正"的法律制度，使非婚生子女婚生化。

非婚生子女的准正，是指非婚生子女因生父与生母结婚或司法宣告而取得婚生子女资格的制度。准正是自罗马法以来为各国法律所承认的保护非婚生子女的制度。我国虽然没有规定准正制度，但司法实践中，生父、生母在子女出生后办理结婚登记手续的，该子女就被视同婚生子女。

非婚生子女的认领，是指通过法律程序使非婚生子女转化为婚生子女的法律行为。认领又可以分为自愿认领和强制认领两种。自愿认领是指生父承认自己为该非婚生子女的生父，并自愿对其承担抚育义务的法律行为。强制认领的原因是未婚女子所生的子女，经生母指认的生父不承认孩子是他所生，或者已婚妇女与第三人通奸所生子女，女方指认第三人为孩子生父而遭否认。

本案中杜某某向法院起诉请求确认原、被告存在亲生父女关系，属于非婚生子女的强制认领范畴。我国法律对于非婚生子女的强制认领未作出明确规定，在司法实践中，子女可以提起生父确认之诉。本案中杜某某为了证明其与王某存在亲子关系，举证否定了其与案外人刘某之间的亲子关系，并提供证据证明了杜某与王某曾经同居，王某亦承认曾经与杜某有性关系的事实。因此，应认定杜某某已经尽到了举证义务。

亲子鉴定报告是证明亲子关系存在与否的最直接的证据。但是在司法实践中，非婚生子女要求确认其与生父之亲子关系的案件中，生父往往拒绝做亲子鉴定。此时，应当以怎样的证明标准把握非婚生子女生母所提供的证据才能体现公平，是实践中应当予以注意的问题。《最高人民法院关于民事诉讼证据的若干规定》第95条规定："一方当事人控制证据无正当理由拒不提交，对待证事实负有举证责任的当事人主张该证据的内容不利于控制人的，人民法院可以认定该主张成立。"《婚姻法解释（三）》第2条第2款对此予以了确认，规定"当事人一方起诉请求确认亲子关系，并提供必要证据予以证明，另一方没有相反证据又拒绝做亲子鉴定的，人民法院可以推定请求确认亲子关系一方的主张成立"。据此可推知，王某拒绝做亲子鉴定的行为将导致其承担败诉的法律后果。

一旦法院确认了王某与杜某某间的亲子关系，构成非婚生子女的强制认领，将在非婚生子女与生父之间产生与婚生子女与父亲之间一样的权利和义务关系，不直接抚养子女的生父或生母应当负担子女的生活费和教育费等。杜某某据此可以要求王某履行生父对未成年子女的抚养义务，具体内容可参照父母对子女的抚养费给付标准。

实训巩固训练

【巩固训练案例1】

苟某与成某抚养费纠纷[1]

苟某与丈夫曹某于1980年结婚，婚后由于工作原因，夫妻分居两地。苟某在湛江工作，与成某是同事，曹某偶尔到湛江探亲。1981年苟某生育男孩曹某某。因多次听人议论曹某某长得像成某，2010年12月曹某心生怀疑质问苟某，苟某给曹某写下书面证明一份："1980年8月份以来，成某作为苟某的上司，多次借谈工作为由，对苟某进行勾引和挑逗，多次发生性关系，并胁迫苟某不要声张。苟某怀孕后，为了掩盖怀孕的事实，成某安排苟某写信叫曹某来湛江探亲。1981年9月，苟某生下曹某某，成某是知道的。"苟某写下上述证明后，曹某多次找成某质问，要求赔偿其精神损失费和抚养费，但均无果。

2013年4月，曹某向法院起诉，请求法院判令被告成某赔偿其为曹某某支付的抚养费30万元，教育费15万元，医疗费15万元及精神损失费5万元，共计65万元。曹某向法院提交的证据有苟某2010年写下的书面证明，《广东科登法医物证司法鉴定所DNA亲子鉴定意见书》（证明曹某与曹某某不存在亲生血缘关系）。诉讼中，曹某向法

[1] 案例来源：（2013）湛坡法民二初字第110号。

院申请成某与曹某某做亲子鉴定，成某以有病在身为由不同意与曹某某做亲子鉴定，并出具了医院的疾病诊断证明。法院询问案外人曹某某时，曹某某称成某私下承认与其具有亲子关系。

成某答辩称：本案发生在1980年，距今已有33年之久，已过诉讼时效。曹某没有证据证明成某与曹某某具有亲子关系。请求法院驳回原告的诉讼请求。

【训练案例分析思路】

1. 分析本案是否已过诉讼时效？

2. 分析本案中荀某写下的书面证明和曹某某的陈述能否作为证据使用？

3. 分析能否适用《婚姻法解释（三）》第2条第2款的规定？

4. 撰写一份案件处理意见书。

【巩固训练案例2】

人类辅助生殖技术生育子女的亲子关系认定[1]

王某与张某于2000~2003年同居，于2001年、2002年分别做了两次试管婴儿，生育某甲、某乙，王某与张某在做试管婴儿过程中，剩余了20个左右胚胎，并将这些剩余的冷冻胚胎保存在医院，胚胎的卵子是王某提供的、精子是张某提供的。双方于2004年解除同居关系。此后，2008年3月20日17时26分，某丙在广东省深圳市罗湖区出生，王某以某丙系张某在2007年利用剩余的一个冷冻胚胎，通过代孕方式生育的，向天河区人民法院提起诉讼，请求法院确认某丙与张某存在亲子关系，并判决某丙由张某抚养。

【训练案例分析思路】

1. 张某是否为某丙遗传学意义上的父亲？举证责任应如何确定？

2. 即使张某是某丙遗传学意义上的父亲，由于某丙是通过体外受精——胚胎移植技术生育的，如果没有张某的知情同意，其是否需要负担作为父亲的法律责任？

3. 目前国内涉及人类辅助生殖技术领域的案件大多数为胚胎的权属问题纠纷，本案的特殊性在于其是第一起实施人类辅助生殖技术过程中，采用试管婴儿方式，将冷冻胚胎孕育成子女后，因亲子关系认定而引发的抚养纠纷，所涉及的法律问题复杂，不仅涉及冷冻胚胎的处分权、双方的知情权、生育选择权，而且还涉及了涉案子女的法律地位问题。鉴于本案是抚养关系纠纷之诉，因此我们的任务是着重从亲子关系认定的角度进行分析思考：本案属于哪一种亲子关系？（参考最高人民法院1991年7月8日《关于夫妻离婚后人工授精所生子女的法律地位如何确定的复函》的精神确定。）

---

〔1〕 案例来源：一审：广州市天河区人民法院（2011）穗天法少民初字第129号。二审：广州市中级人民法院（2012）穗中法少民终字第168号。

实训项目三　继父母子女关系

能力目标

了解继父母子女关系的特征和类型，并能与养父母子女关系的法律特征相区分。掌握继父母子女关系的内容，即彼此的权利义务关系，培养学生实务中处理此类案件的能力。

实训案例

阳某甲、阳某乙与毛某甲、蒋某甲继承纠纷[1]

阳某与曾某于1993年登记结婚，婚后生育了大女儿阳某甲、二女儿阳某乙（即本案中的两名原告）。因双方感情不和，阳某与曾某于2010年3月协议离婚，协议约定：阳某甲归阳某抚养，阳某乙归曾某抚养。两人离婚后，不管哪一方新建房屋，房产权、土地权全归阳某甲、阳某乙两人共同继承，外来人员子女无权干涉、无权继承。

被告毛某与前夫蒋某于1994年收养毛某甲，1996年生育蒋某甲，2001年10月二人经法院判决离婚，毛某甲、蒋某甲跟随毛某生活，蒋某每月付给毛某甲、蒋某甲抚育费400元。2010年5月毛某与阳某登记结婚，两人再婚时，毛某甲17岁、蒋某甲13岁。两人婚后新建两层的住房一栋，2012年10月购买自卸低速货车一辆。2012年12月，阳某因交通事故死亡。

因继承问题双方产生纠纷，2013年3月，阳某甲、阳某乙向桂林市叠彩区人民法院提起诉讼，要求依法继承其父阳某留下的遗产，要求毛某、毛某甲、蒋某甲三被告交出侵占的遗产。法院经审理查明：阳某与毛某均系桂林地区农村居民，两人共有银行存款23万，自卸低速货车一辆，婚后新建的两层住房一栋，但未经相关部门审批，现无合法的建房手续及房屋产权。另阳某的死亡赔偿金为36万。

实训目标

通过对本案的模拟法庭实训，使学生掌握继子女继承继父母遗产的前提条件是什么，重点掌握实务中认定形成抚养关系的判断标准，培养学生处理此类案件的审判技能。

实训方法

模拟法庭辩论，并制作本案的民事判决书。

---

〔1〕 案例来源：（2014）桂市民一终字第211号。

实训步骤

1. 学生通过讨论明确本案争议的焦点是什么。

2. 学生分别扮演原告方、被告方、审判人员等角色，对各自的主张进行模拟法庭辩论。

3. 学生讨论对本案应当如何处理，写出起诉状、答辩状。

4. 学生根据模拟法庭辩论结果制作本案的民事判决书。

学理分析

本案所涉的争议焦点有二：一是法院查明的财产中哪些属于阳某的遗产；二是蒋某甲、毛某甲是否享有继承权。蒋某甲、毛某甲与阳某属于继父母子女关系。所谓继子女，通常指夫或妻一方与前配偶所生的子女；继父母，指子女的母亲或父亲的再婚配偶。继父母子女关系，是由于生父母一方死亡或父母离婚后，生父母一方带子女再婚后形成的姻亲关系。

根据我国现行法律，仅凭父母再婚这一法律事实，并不必然导致继父母与继子女间产生父母子女间的权利与义务。我国《民法典》第1072条规定："继父母与继子女间，不得虐待或者歧视。继父或者继母和受其抚养教育的继子女间的权利义务关系，适用本法关于父母子女关系的规定。"可见《民法典》以继父母子女间是否形成抚养关系为依据，将继父母子女分为两种类型：一种是受继父母抚养教育的继子女，与继父母之间的关系是法律拟制直系血亲关系。另一种是未受继父母抚养教育的继子女，与继父母的关系是直系姻亲关系。因此，蒋某甲、毛某甲能否享有继承权取决于他们与继父阳某之间是否已形成抚养关系。

如何认定继父母子女间存在抚养关系是司法实务中的难点所在。一般认为同时具备以下三个条件，可以认定继父母子女间存在抚养关系：

1. 生父母再婚时，继子女属未成年人。如继子女已经成年，即使继父母在生活上仍对其照料或资助，也不会形成法律意义上的抚养关系。

2. 继父母承担了继子女全部或部分抚养费用。这是认定形成抚养关系的关键，如果继子女的生活、教育等抚养费用由生父母承担，继父母不负担继子女的抚养教育费用，这样即使生活在一起，也不宜认定为存在抚养关系。

3. 抚养事实持续时间足够长。对于究竟维持多长时间，法律没有统一规定。《婚姻法解释（三）（草案）》第10条曾就如何认定继父母与继子女之间形成了抚养关系作出过规定："继父（或继母）和享有直接抚养权的生母（或生父）与未成年继子女共同生活3年以上，承担了全部或部分抚育费，付出了必要的劳务，并且履行了教育义务。"虽正式出台时该条被删除，但此条文对司法实务仍有较大的影响。

本案中蒋某甲、毛某甲在生母与继父再婚时虽然未成年，但继父阳某再婚后2年4

个月即死亡，二人与继父并未长期在一起共同生活，且毛某甲在生母毛某与阳某结婚后 1 年即成年。一般认为如果抚养时间少于 2 年的话，认定继父母与继子女之间形成抚养关系应特别慎重，需要考虑具体案情和权利义务的对等等因素。本案中蒋某甲、毛某甲的生父蒋某每月支付两人 800 元的生活费，已经达到了当地农村 2012 年的人均消费支出标准。因此本案宜认定阳某与蒋某甲、毛某甲间未形成抚养关系，蒋某甲、毛某甲不属于阳某的法定继承人的范围，对阳某的遗产不享有继承权。

阳某与毛某的银行存款 23 万，其中一半应属于阳某的遗产；自卸低速货车虽未过户，根据我国《物权法》的相关规定，阳某与毛某仍可取得所有权，故有一半亦属于阳某的个人遗产；婚后新建两层住房一栋，但未经相关部门审批，现无合法的建房手续及房屋产权，根据《民法典》第 209 条的规定，该房屋不能作为遗产，故法院不宜对该房屋进行处置。

至于阳某的 36 万死亡赔偿金的性质，根据我国《民法典》第 1122 条的规定，遗产是公民死亡时遗留的个人合法财产，也就是说遗产是公民生前或死亡时已存在的个人合法财产。死亡赔偿金是在受害人死后才产生的，故不符合遗产的法律特征，不能当作遗产处理。死亡赔偿金的分配主体应为死亡赔偿金的赔偿权利人。

实训巩固训练

【巩固训练案例 1】

2013 年，唐小某的生父因病去世。2015 年 6 月，唐小某的生母何某与赵某结婚。赵某表示，愿意与何某一起将唐小某抚养长大，其后夫妻二人将唐小某更名为赵小某。婚后第三年，因双方性格不合经常争吵造成夫妻感情破裂。2019 年 4 月，何某向法院起诉离婚，并要求赵某每月支付赵小某抚养费 1000 元。赵某则认为，赵小某不是自己亲生的，离婚后没有再抚养赵小某的义务。

【训练案例分析思路】

1. 讨论生母与继父离婚，已形成抚养关系的继父母子女关系是否自然解除？

2. 撰写一份法律意见书。

【巩固训练案例 2】

1990 年原告邵某与被告父亲肖某结婚，双方均为再婚。1992 年 4 月 18 日两人生育儿子肖某丙，后肖某丙因犯盗窃罪被判刑，至今仍在服刑。原告邵某与被告父亲肖某再婚时，被告肖某甲只有 9 岁，肖某乙只有 7 岁，原告和丈夫肖某共同将二被告抚养到成年。

2008 年肖某因病去世，同年原告发生交通事故，肇事车辆逃逸，现原告生活不能自理。2009 年 1 月，被告肖某甲与某养老院签订服务协议后，将原告送入养老院，但二被告仅支付 2 个月托老费用后，就不再支付。现原告仍在养老院生活，为此原告起诉要求二被告尽赡养义务。

法院经审理查明：原告每月应交纳养老院费用800元，另外还有其他费用，截至2012年4月10日前原告共欠养老院各项费用30 515元未付。原告与被告父亲肖某只是按农村的风俗举办了婚礼，并没有办理结婚证。原告与前夫还生有两个女儿贺某甲和贺某乙。

【训练案例分析思路】

1. 分析本案中原告与被告的父亲未办结婚登记，能否认定二人间的婚姻关系成立？

2. 分析原被告之间是否形成了抚养关系，被告是否应当对原告尽赡养义务？

3. 若被告应当承担赡养义务，赡养费的支付应考虑哪些因素？

4. 撰写本案的书面处理意见。

模 块 六

收养关系纠纷事务实训

实训项目一　收养成立的条件、程序

能力目标

清楚掌握收养关系成立的条件和程序，从而能够对收养关系是否有效成立以及成立后的效力如何进行正确的判断。

实训案例

张某诉高某、张某某、杨某收养纠纷案[1]

原告：张某

被告一：高某；被告二：张某某；被告三：杨某

原告诉称：我与被告高某原系夫妻，1999 年 3 月经法院调解协议离婚，儿子高某江、高某辛由被告高某自行抚养。在我与高某离婚前分居期间，高某未经我同意擅自将高某辛送给被告张某某、杨某收养，并从中收取人民币现金 5000 元。现要求解除张某某、杨某与高某辛间的收养关系，依法确认收养行为无效，高某辛归我抚养。

被告高某辩称：我并未将高某辛送给张某某、杨某收养。因我生活困难、无力抚养两名子女，故将高某辛寄养在张某某、杨某家。因此，不同意原告的诉讼请求。

经法院审理查明：原告张某与被告高某原系夫妻，被告张某某、杨某系夫妻。张某与高某于 1999 年 3 月经法院主持调解协议离婚，儿子高某江、高某辛（1996 年 1 月生）由被告高某自行抚养。在双方婚姻关系存续期间，张某与高某于 1997 年 12 月开始分居，高某江、高某辛随高某生活。1998 年 6 月，高某未经原告张某同意，擅自将次子高某辛送给被告张某某、杨某夫妻收养，并从中收取人民币现金 5000 元。被告张

〔1〕 案例来源：（2000）密民初字第 485 号。

某某、杨某收养高某辛后，将其更名为张某杰，并在河北省河间市公安户籍管理部门登记入户，但未到当地民政部门办理有关收养手续。2000年4月，密云县公安局接到举报，高某有拐卖儿童的嫌疑，经调查核实不能认定构成犯罪。密云县公安局将高某辛被张某某、杨某收养的信息告知原告张某，张某遂向县法院起诉，要求解除张某某、杨某与高某辛之间的收养关系。

实训目标

通过对本案的分析和讨论，明确本案的争议焦点，掌握收养关系成立的条件和程序，能够对本案中收养关系是否有效成立作出正确的判断。

实训方法

课堂辩论，并形成对本案的处理意见。

实训步骤

1. 学生分组，查找相关法律规定，分析高某辛与张某某、杨某的收养关系是否成立？

2. 分析请求确认收养关系无效与请求解除收养关系是否相同？本案准确的诉讼请求应该是什么？

3. 学生讨论原告的诉讼请求是否都应予以支持？为什么？

4. 形成本案的书面处理意见。

学理分析

收养，是指通过一定的法律程序，将他人的子女作为自己的子女加以抚养，使原来没有直系血亲关系的人们产生法律拟制的父母和子女关系的法律行为。收养的成立是养父母养子女亲属关系发生的唯一途径，合法的收养关系对收养人和被收养人以及被收养人与其生父母间的人身关系和财产关系产生一系列法律效力。收养必须符合一定的条件，履行法定的手续，才能合法有效，才能受到法律的确认和保护。

《民法典》第1097条规定："生父母送养子女，应当双方共同送养。生父母一方不明或者查找不到的，可以单方送养。"第1105条第1款和第2款规定："收养应当向县级以上人民政府民政部门登记。收养关系自登记之日起成立。收养查找不到生父母的未成年人的，办理登记的民政部门应当在登记前予以公告。"本案中，被告高某未经原告张某同意，在张某不知情的情况下擅自将高某辛送给张某某、杨某，且双方未到当地民政部门办理收养登记，违反了《民法典》对收养行为的条件和程序要求，该收养行为无效。但本案中原告既请求法院确认收养关系无效，又请求解除收养关系的提法是不妥当的。解除收养关系的前提是收养关系已经有效的成立，对于无效的收养关系不存在解除一说，故本案原告正确的诉讼请求应当是请求确认高某辛与张某某、杨某间的收养关系无效即可，无需画蛇添足。被告高某关于高某辛系寄养在张某某、杨某家的辩解意见与本案的事实及证据不符，且无法律依据，法院不应采信。

故本案的处理意见如下：①确认被告高某送养、张某某和杨某收养的行为无效；②被告高某应当返还张某某、杨某人民币5000元整；③由高某给付张某某、杨某抚养高某辛的适当的经济补偿，具体数额可参考当地的人均消费支出和抚养时间的长短而定；④原告要求变更高某辛的抚养权问题，因与本案不属于同一法律关系，可建议原告另行起诉，本案不予处理。

实训巩固训练

【巩固训练案例1】

吴某因为妻子对婚姻不忠诚而离婚，这使他对婚姻失去了信心，他决定终身不再结婚。一日，吴某看到街上一个流浪乞讨的小女孩，顿生怜悯之心，便把小女孩带回家。街坊邻居都认为吴某可以收养这个小女孩，反正小女孩也没有家。吴某也正有此意，将来小女孩长大了正好可以照顾年老体弱的自己。

【训练案例分析思路】

1. 分析吴某收养这个小女孩必须符合什么法定条件？

2. 分析吴某收养这个小女孩必须履行何种法定程序？

【巩固训练案例2】

被告潢川县人口与计划生育委员会于2009年9月21日对杨某松作出潢计生征字（2009）第39号《征收社会抚养费决定书》，决定对杨某松征收社会抚养费133 704元。杨某松不服处罚，于同年12月向法院起诉。诉称杨某男（女）并非其本人收养的子女，而是其老婆唐某芳的姐姐唐某英收养的子女，后来随他们生活、更改姓名及户口时登记为父女关系，都是为了上学和工作需要。原告提交证据如下：①潢计生征字（2009）第39号《征收社会抚养费决定书》；②光山县人民法院（2009）光民初字第760号民事判决书，证明杨某男系唐某英收养的弃婴。

被告向法院提交的主要证据有：①对杨某松、唐某芳的调查笔录，证明杨某男于1998年9月起与原告一起生活，且在公安部门登记户口时与原告是父女关系。②杨某松和杨某男的户籍登记，证明原告与杨某男系父女关系。③原告的结婚证及二胎准生证，证明原告已生育两个小孩。

法院审理查明：原告杨某松与唐某芳系夫妻，于1984年和1990年分别生育两个女儿，均办理了合法的生育手续。杨某男系唐某英收养的弃婴，办理了合法的收养登记手续。1998年9月，杨某男到潢川县彭店中学上学，此后就一直在小姨唐某芳家中生活。2007年10月，潢川县公安局办理的“常住人口登记卡”中记载原告与杨某男为

“父女”关系，彼时杨某男已经年满20周岁。[1]

【训练案例分析思路】

1. 本案属于民事案件还是行政案件？

2. 本案争议的焦点是什么？

3. 是否可以认定原告与杨某男之间存在事实收养关系？

实训项目二　无效收养

能力目标

通过案例实训，使学生了解导致收养无效的原因和情形，能够准确地判断收养行为的效力，并懂得对无效的收养行为应如何处理。

实训案例

胡某、余某诉赖某、李某收养纠纷[2]

赖某、李某夫妇于1999年3月生育一男孩。2006年，赖某至广东打工，就职于胡某、余某夫妇开办的理发店。赖某与胡某以姐妹相称，相处融洽。2007年2月，胡某在医院产下一女婴，赖某在征得其夫李某同意后，于当日从胡某、余某手中将该女婴抱走抚养，双方未订立收养协议。在赖某收养该女婴后，将女婴送回老家由其夫李某照看。随后，赖某、李某夫妇找户籍所在地村干部出具了该女婴系其亲生的假证明，并在当地派出所办理了入户登记，为女婴取名李某丽。2009年3月，胡某、余某夫妇找到赖某、李某夫妇交涉，欲将其亲生女儿抱回抚养，双方产生争议。为此，胡某、余某夫妇向法院起诉，请求确认收养行为无效。

实训目标

通过案例实训，使学生了解导致收养无效的原因和情形，能够准确地判断认定本案当事人间的收养行为是否有效，并能对无效收养行为的后果作出正确的处理。

实训方法

课堂讨论，并形成对本案的处理意见。

---

〔1〕 案例来源：(2011) 信行终字第47号。
〔2〕 案例来源：(2010) 巴民初字第329号。

实训步骤

1. 学生分小组讨论，本案的情形是否符合收养的条件和程序，收养行为是否有效？

2. 讨论本案的收养行为如果被法院确认无效，收养人能否要求送养人补偿其经济损失？补偿应考虑哪些因素？

3. 形成对本案的书面处理意见。

学理分析

收养的无效，是指已发生的收养行为因违反法律关于收养关系成立的条件和程序而不具有收养的法律效力。在现代社会，收养行为只有符合法律规定的条件和程序，才能有效成立，得到法律的认可和保护，实现收养当事人预期的目的。《收养法》第6条对收养人应当具备的条件作出了明确规定，其中之一为收养人无子女。[1] 同时，《收养法》第15条还规定，收养应当向县级以上人民政府民政部门登记。收养关系自登记之日起成立。本案中，两被告已生育一男孩，在明知不符合法律规定的情况下，通过关系出具了假证明，为李某丽办理了入户登记，而不是依法办理收养登记，其行为不符合相关法律规定，故赖某、李某收养胡某、余某夫妇女儿的行为应当确认无效。赖某、李某应当将李某丽返还胡某、余某夫妇。

为了使收养行为纳入合法的轨道，避免和制裁违法收养行为，保护收养关系当事人的合法权益，《收养法》第25条还规定："违反《中华人民共和国民法通则》第55条和本法规定的收养行为无法律效力。收养行为被人民法院确认无效的，从行为开始时起就没有法律效力。"因此，赖某、李某收养胡某、余某夫妇女儿的行为自始就无效。但鉴于赖某、李某抚育了李某丽两年整，期间投入的时间、精力、金钱以及情感均不少，收养行为无效确实给其带来了一定的经济损失，故赖某、李某可以要求胡某、余某夫妇赔偿其损失。损失的计算应考虑当地的人均消费支出水平、孩子的医药费开支、两被告养育护理行为的补偿等因素。根据民法对无效行为的处理原则，该损失应当由无效行为的过错方来承担。如双方都有过错的，则根据双方的过错程度来分担损失。本案中，被告在明知自己不符合法律规定的情况下，通过关系出具了假证明，为李某丽办理了入户登记，显然过错程度更大一些，故双方对损失的分担比例以四六开为宜。

---

〔1〕《民法典》第1098条放宽了收养人的条件，原《收养法》要求收养人本人无子女，现修改为"无子女或者只有一名子女"，同时第1100条第1款规定"无子女的收养人可以收养两名子女；有子女的收养人只能收养一名子女"。

实训巩固训练

【巩固训练案例】

原告王某某和左某某系夫妻，二人诉称：二原告生养了两个女儿，为老来有依靠，经人介绍于1997年4月15日抱养被告蒋某某为儿子，并签下了抱养协议，并将长女高某玲许配给被告。但事后被告好吃懒做，唆使其妻和原告分家，并共同殴打二原告。自1998年分家后，从此被告对二原告不闻不问，逃避对二原告的赡养义务，故起诉要求依法解除原被告之间的收养关系。被告辩称：二原告所述不是事实。对其不敬不孝的是其女儿高某玲，与被告无关，被告到原告家12年来一直勤恳劳作，故不同意解除收养关系。[1]

【训练案例分析思路】

1. 分析本案中的收养人和被收养人是否符合《收养法》的相关规定？
2. 本案法官应当判决解除收养关系还是确认收养关系无效？
3. 撰写本案判决书。

实训项目三　收养的解除

能力目标

通过案例实训，使学生了解收养关系解除的方式有哪些，条件和程序是什么，掌握收养关系解除的法律后果，培养学生实务中处理此类纠纷的能力。

实训案例

张某、况某甲与况某乙解除收养关系纠纷案[2]

原告张某、况某甲系夫妻关系，况某乙系两原告的养子。原告向法院提出三项诉讼请求：①解除原被告之间的收养关系；②被告补偿两原告20万元经济损失（两原告抚养被告期间支付的生活费、教育费、医疗费等费用）；③诉讼费用由被告负担。

法院查明事实如下：1987年1月15日，张某在路边捡到一名患病弃婴（即被告况某乙）带回收养，后况某甲也同意收养。1987年3月30日，经张某申请，淮北市烈山区民政局对原被告的收养关系予以确认。后两原告为被告治愈了疾病，并将其抚养成人，现被告已经娶妻生子。但被告成年后仍不务正业，吃老啃老，多次偷窃两原告的

[1] 案例来源：（2010）详民初字第357号。

[2] 本案来源：（2017）皖0604民初544号。

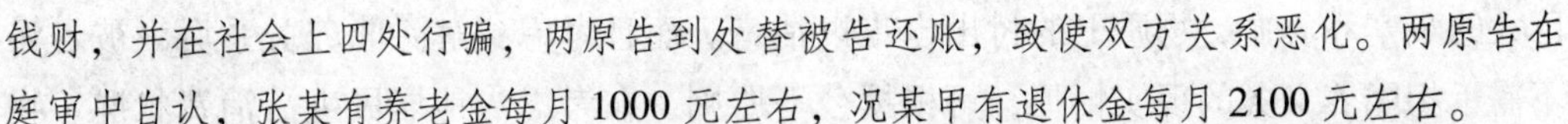

钱财，并在社会上四处行骗，两原告到处替被告还账，致使双方关系恶化。两原告在庭审中自认，张某有养老金每月1000元左右，况某甲有退休金每月2100元左右。

实训目标

通过本案的实训，使学生了解收养关系解除的条件，掌握收养关系解除后的处理，重点是什么情况下被收养人应当对收养人进行补偿以及补偿的标准，从而具备实务中处理此类案件的能力。

实训方法

课堂辩论，并形成对本案的处理意见。

实训步骤

1. 分析原被告间的收养关系是否成立？为什么？
2. 本案原告解除收养关系的请求应否支持？
3. 分组讨论本案被告是否应当对原告进行经济补偿？其法律依据是什么？
4. 分组提交对本案的书面处理意见。

学理分析

收养关系作为一种拟制血亲关系是可以依法解除的，但是解除收养关系的前提是收养关系已经依法成立。《民法典》第1105条第1款规定："收养应当向县级以上人民政府民政部门登记。收养关系自登记之日起成立。"本案中原告张某捡到弃婴并进行收养的行为经淮北市烈山区民政局确认后发生法律效力，收养关系依法成立。

《民法典》第1115条规定："养父母与成年养子女关系恶化、无法共同生活的，可以协议解除收养关系。不能达成协议的，可以向人民法院提起诉讼。"故在未能达成协议的情况下，原告张某、况某甲有权向法院起诉要求解除收养关系。两原告作为被告的养父母，对被告尽到了抚养义务。但被告成年后，不仅未能对两原告尽到经济上供养、生活上照料和精神上慰藉的义务，还成了两原告的经济、生活和精神上的负担，致使双方关系恶化，再继续维持收养关系将严重伤害两原告的感情和身心健康，故本案应当判决解除双方的收养关系。

本案的争议焦点在于解除收养关系后被告应否对原告进行经济补偿。《民法典》第1118条第1款规定："……因养子女成年后虐待、遗弃养父母而解除收养关系的，养父母可以要求养子女补偿收养期间支出的抚养费。"关于两原告主张的经济补偿20万元，因两原告未能提供证据证明被告有虐待、遗弃老人的事实，法院未予支持。笔者认为，原告收养的是一个患病的弃婴，为他寻医问药治好了疾病，含辛茹苦将其抚养长大，从被告牙牙学语、蹒跚学步到小学、中学、大学，又到就业、结婚……30年来付出了巨大的艰辛和心血，物质上的付出也难以估量。而且考虑到解除收养关系后，被告将不需承担赡养义务的现实情形，可根据公平原则，在考虑当地居民生活消费状况、物价水平、原告退休金等情况下，适当地支持原告的经济补偿请求。

实训巩固训练

【巩固训练案例】

王某夫妇于20世纪60年代收养王某甲，其后王某夫妇精心养育了王某甲，供王某甲上学读书，在王某甲求学期间曾因病休学的四年中为其看病治疗。1977年，为让初中毕业后的王某甲接替王某的工作，王某办理了提前退休。王某甲成婚后与王某夫妇分开生活，1986年王某夫妇迁至凤阳县居住，1999年王某老伴患有脑血栓病，但王某甲从未探望和照顾。2002~2003年间王某老伴，即王某甲养母住院治疗直至去世，王某甲都不闻不问，不尽赡养义务，而且还将王某夫妇名下的房屋拆迁款据为己有，严重伤害了王某的感情。故王某诉至法院要求解除与王某甲的养父子关系，请求法院判令王某甲支付其抚养王某甲的生活费、教育费等人民币50 000元。[1]

【训练案例分析思路】

1. 分析20世纪60年代我国《收养法》是否已经出台？对此期间的收养关系应当如何认定？

2. 分析本案是否符合收养关系的解除条件？

3. 讨论法院是否应当支持王某要求王某甲补偿抚养费的请求？按什么标准来补偿？

4. 就本案的处理意见拟定一份法院判决书。

---

〔1〕 案例来源：(2005) 蚌民一终字第264号。

模 块 七

扶养关系纠纷事务实训

实训项目一 夫妻间的扶养

能力目标

掌握什么是夫妻间的扶养义务，夫妻间扶养义务发生的基础和前提，夫妻间扶养费给付的标准。

实训案例

马某与耿某扶养费纠纷〔1〕

上诉人（原审被告）：马某，男，1928年1月28日出生。

被上诉人（原审原告）：耿某，女，1937年12月30日出生。

上诉人马某因与被上诉人耿某扶养费纠纷一案，不服一审法院判决，向北京市一中院提起上诉。

2017年8月耿某起诉要求马某支付其生活费、医疗费等每月2500元，一审法院判决马某每月给付耿某扶养费1400元。认定的事实如下：耿某与马某于1994年4月6日结婚，双方均系再婚，婚后感情尚可。耿某再婚前育有5个子女，马某再婚前育有3个子女，双方婚后未生育子女。耿某现每月有600元的“一老一小”补贴及100元的养老助残费，医疗费用可按照“一老一小”医保政策予以报销。马某现每月有退休工资4800元以及150元的企业补助，其医疗费用可以按照医保政策予以报销，其自述个人自付比例较小，费用较低。耿某于2010年信佛入寺后回家较少，2016年5月左右，耿某被诊断出患有类风湿性关节炎，生活自理能力变差，同时其患有高血压，每月医疗费个人自付部分约为1000元。马某于2016年底被诊断出患有膀胱结石，同时亦患有

〔1〕 案例来源：（2019）京01民终8089号。

高血压，其后被子女接到家中轮流照顾。2017 年 3 月起马某停止支付之前每个月给耿某的生活费 800 元，并于同年 4 月起诉离婚，2017 年 7 月法院判决不准离婚。耿某于 2017 年 8 月起诉要求马某支付其生活费、医疗费等每月 2500 元。耿某自述其每月生活费和医疗费约为 4500 元，其中每月的医疗费就有 1000 元，扣除子女应负担的赡养义务，故其要求马某每月支付扶养费等 2500 元。

马某上诉称：耿某因出家与马某两地生活近 7 年，对马某的生活不管不顾，完全未能尽到夫妻间的扶助义务，故自己也没有义务对其进行经济上的扶助；其次自己也是 90 岁高龄老人，已经无法独立生活，也不想再拖累子女，现雇保姆自行租房生活，保姆每月工资为 4500 元，月房租 3500 元，每月固定开销为 8000 元，加上日常生活开销、吃药治病等费用大概需 2000 元。马某每月退休金仅仅为 4800 元，远不够维持自己的正常生活，生活支出都靠三个子女维持，实在无力再支付耿某扶养费；耿某自己有 5 个子女，5 个子女也完全有能力照顾其母亲的生活。综上，请求二审法院依法改判，驳回耿某的诉讼请求。

马某在一审的庭审中并没有提出租房和雇佣保姆这些事由，二审中马某对此提交了三项证据予以支持：证据一房屋租赁合同，证明马某现在住在租赁的房屋内，每月租金 3500 元。证据二照顾老人保姆协议书，证明每月 4500 元的保姆费。证据三保姆高某出具的收条及房东李某的房租收条，证明上述证据一、二的实际支出。

耿某对马某提交的上述证据发表质证意见：对证据一真实性不认可，理由是房屋租赁合同从收款时间上来说前后矛盾，根据常理先签订合同再交款，此合同的时间晚于交款时间，其次承租人是马某的儿子马某某。对证据二、证据三的真实性均不予认可，理由是一审中并未提及请保姆的事情，存在后补的可能性。

实训目标

通过对本案的分析讨论，使学生掌握发生夫妻间扶养义务的基础和前提；弄明白子女的赡养义务与夫妻间的扶养义务的关系；明确夫妻间的扶养义务具体应如何承担，应考虑的因素有哪些。

实训方法

1. 分组讨论案情；
2. 角色模拟和演练；
3. 形成本案的书面处理意见；
4. 教师点评与归纳总结。

实训步骤

1. 熟悉案情，根据案情进行分组，各组负责解决不同的问题。

(1) 分析夫妻间不起诉离婚，仅起诉要求对方支付扶养费的，法院应否支持?

(2) 分析本案中双方当事人争议的焦点是什么?

(3) 判断再婚夫妻一方出家后导致事实分居未尽夫妻扶养义务的，还能否请求对方给付扶养费?

(4) 本案中原告自己有5个成年子女，有能力对其进行赡养，是否还能要求丈夫承担扶养义务?

(5) 分析如需支付扶养费，确定扶养费的数额时应考虑哪些因素?

2. 讨论本案中一审当事人未提交的证据，二审能否采纳?

3. 汇总形成本案的书面处理意见。

学理分析

《民法典》第1059条规定:“夫妻有相互扶养的义务。需要扶养的一方，在另一方不履行扶养义务时，有要求其给付扶养费的权利。”扶养是夫妻关系中的一项重要内容，这种权利义务基于婚姻效力而产生，具有法律强制性。一方在对方需要扶养而不尽扶养义务，致使对方生活十分困难如患病、缺乏生活来源等情况下，对方可向法院单独提起主张扶养费的诉讼，该诉讼符合诉的独立构成要件，不以提起离婚诉讼为条件。人民法院应在查明事实后，对符合给付扶养费条件的请求予以支持。

本案中，双方当事人争议的焦点是马某对耿某是否应当承担扶养义务，以及如需承担应如何承担的问题。耿某与马某于1994年4月结婚，双方虽系再婚，但婚后感情尚可。到2010年耿某信佛入寺，双方共同生活长达16年，且入寺之后耿某也偶有回家，双方亦无其他矛盾。根据《民法典》第1059条的规定，夫妻间的扶养义务是法定义务，具有强制性。只要夫妻关系存在，双方之间就具有扶养的义务。马某现每月有固定收入近5000元，具有一定的支付能力；而耿某身患疾病，收入较低，生活困难。马某身为耿某的丈夫，对生活困难的妻子理应履行适当的扶养义务。马某仅以耿某因出家未对其生活上尽到照顾义务为由拒绝承担法定的义务，理由不够充分。本案中耿某自己有5个子女可尽赡养义务，亦不能作为免除夫妻间法定扶养义务的理由，但可适当减轻夫或妻一方的扶养义务。综上，一审法院判决马某需对耿某履行扶养义务是妥当的。

扶养费的具体数额应当综合考虑耿某、马某各自的收入和支出情况，当地的人均消费支出情况，子女的赡养能力以及双方是否有医保等情况。本案中，耿某虽然每月只有700元的收入，但有5名成年子女可承担赡养义务，且能享受医保待遇。而马某本人退休金虽每月有近5000元，但因年事已高需请保姆照顾，各种生活开销也不小。故耿某要求马某每月给付2000元扶养费的诉讼请求数额显然过高，对过高部分法院不应支持。综合双方情况，一审法院判决马某每月给付耿某扶养费1400元并无不当。

对于二审中马某提交的新证据的效力认定，根据《民事诉讼法》第65条的规定，

"……当事人逾期提供证据的，人民法院应当责令其说明理由；拒不说明理由或者理由不成立的，人民法院根据不同情形可以不予采纳该证据，或者采纳该证据但予以训诫、罚款"。马某提交的上述证据在一审期间已客观存在，且马某逾期提交并无正当理由，上述证据亦不能达到其证明目的，且和本案处理无关联性，故法院对马某提交的上述证据应不予采信。

实训巩固训练

【巩固训练案例】

王某和李某均在北京工作，经人介绍相识相恋并结婚。婚后两人书面约定实行分别财产制，双方婚前财产归各自所有，婚后的收入也归个人所有，对于家庭的共同开支，则由双方 AA 制支付。婚后第三年，李某查出心脏病，保守治疗一段时间无效，医生建议做心脏搭桥手术，手术费用大概 10 万元。李某没有这么多的积蓄，家中父母务农也拿不出钱来，于是与丈夫商量能否将其积蓄拿出来支付医疗费。但王某拒绝了她的要求，认为双方约定财产分开，各自的开销由各自支付，况且自己马上就要存够房子的首付款，如果这个时候其出钱做手术，买房的事就不能实现了。双方几经商量无果，于是李某向法院起诉丈夫王某，要求其支付医疗费用。

【训练案例分析思路】

1. 夫妻间实行约定财产制的，还能否要求对方支付自己的医疗费？

2. 实行约定财产制的夫妻一方在为对方支付了医疗费之后，能否要求对方在经济条件好转后偿还？

实训项目二　父母子女间的扶养

能力目标

了解父母子女间扶养义务的性质、特点和内容，掌握扶养义务的履行方式和扶养费数额的确定标准，培养学生处理扶养纠纷案件的基本技能。

实训案例

王某甲等与王某赡养费纠纷[1]

2012 年 6 月，王某以王某甲、王某乙、王某丙未尽赡养义务为由诉至法院。王某自诉其无收入来源，并患有高血压、冠心病等老年慢性病，平时看病和生活开销比较

---

〔1〕 案例来源：(2013) 厦民终字第 577 号。

大，请求判令被告三人每月支付赡养费1500元（每人每月500元）及其住院的手术医疗费共7995元。王某甲答辩称其工作为物业保安，每月工资仅有2500元，自己身体也不好，患有高血压和颈椎病。妻子做物业保洁员，月工资2000元。女儿在读大学，每年光学费就要6000多元。自家日子也过得紧巴巴，无力赡养王某。王某甲向法院提交了保安公司和物业公司出具的本人及妻子的工资收入证明、医院的病历及诊断证明、女儿的学费发票等。王某乙答辩称其自2008年患病毒性肝炎后一直失业在家没有收入，儿子尚在读高中，一家人全靠当中学老师的丈夫每月4000多元收入生活，没有能力赡养王某，并向法院提交了医院的诊断证明和住院病历。王某丙称自己在家务农，收入较低，且妻子身体也不好，两个孩子还在读书，一家人的生活重担都在自己身上，确实没有能力赡养王某，并表示愿意放弃将来继承王某的遗产。王某丙向法院提交了妻子李某因腰椎问题多次到医院门诊针灸治疗的病历。此外，王某甲、王某乙、王某丙均表示，王某自1990年起就离家与他人同居生活，兄妹几个是由母亲和外公外婆一手带大的，王某对子女完全没有尽到抚养义务，故子女对其也不应当承担赡养义务，兄妹三人目前还要赡养母亲，实在没有能力再赡养王某。王某自己有住房，生活开支较小，每月还有房租收入，在农村像他这样年纪的老人都还在做一些力所能及的工作，完全不需要子女赡养。

一审法院查明的事实有：王某甲、王某乙、王某丙系王某与黄某的婚生子女，三人在答辩中所述的家庭经济情况基本属实。王某现年64岁，河南省农村户籍，可以享受“新农合”医疗保障待遇。1990年王某即离家未与妻儿共同居住生活，期间断断续续给过黄某少量子女的生活费，2010年王某与黄某经法院判决离婚。2011年12月王某因肾结石发作住院治疗，产生医疗费用总额7995元，其中农合医疗费补偿3740元，王某个人现金支付4255元。王某现长期在郑州市中牟县生活，在县城有60平方米的2层楼房，自住一层，二层出租，月租金收入230元，此外无其他收入。王某除患有高血压需要长期吃药外无其他重大疾病，尚有一定的劳动能力。

法院还查明：王某甲、王某乙、王某丙的母亲黄某现年62岁，由三兄妹共同赡养。河南省2011年城镇居民人均消费支出为10 839元/年，农村居民人均生活消费支出为3685元/年，郑州市城市低保标准为340元/人/月。

实训目标

通过对本案的分析和讨论，使学生掌握子女对父母承担的赡养义务的性质，在什么情况下父母可以向子女提出赡养的要求，影响赡养费数额的因素有哪些。培养学生分析和处理赡养类案件的能力和要领。

实训方法

1. 分组讨论案情；
2. 角色模拟和演练；
3. 学生间互相评价；
4. 完成对本案的书面分析和处理意见；
5. 教师点评与归纳总结。

实训步骤

1. 学生根据案情进行分组。讨论父母要求子女承担赡养义务的前提条件是什么？本案中王某是否具备要求子女承担赡养义务的条件？

2. 讨论本案中王某的三个子女在各自都生活困难或失业的情况下，是否还要对王某承担赡养义务？

3. 分析王某的三个子女能否以其幼年时王某未尽抚养义务为由拒绝承担赡养义务？

4. 本案中王某丙能否以放弃继承权为由拒绝承担赡养义务？

5. 讨论赡养费数额的确定应当考虑哪些因素？赡养费中是否已经包含了医疗费？

学理分析

赡养老人是中华民族的优良传统，也是成年子女的法定义务。在父母年老时，子女应当履行对老人经济上供养、生活上照料和精神上慰藉的义务。《民法典》第 1067 条第 2 款规定："成年子女不履行赡养义务的，缺乏劳动能力或者生活困难的父母，有要求成年子女给付赡养费的权利。"根据本条规定，赡养义务虽然是一种法定义务，但并非是完全无条件的，不是说只要达到了法定的退休年龄即可要求子女赡养。作为被赡养人，应当符合无劳动能力且无收入来源，生活困难的条件；而作为赡养人一方，应当具有劳动能力，且不存在无法克服的特殊困难。本案中王某虽然已经 64 周岁，尚有一定的劳动能力，但收入微薄不足以维持基本的生活，故有权要求子女给付赡养费。

赡养老人是一种强制性的法律义务，如同父母对子女的抚养义务一样，不得附加任何前提条件，也不遵循权利义务相一致原则。故本案中王某的三个子女以其幼年时王某未尽到抚养义务为由拒绝承担赡养义务不能获得支持，但笔者认为可以作为子女给付赡养费金额的考量因素。子女对父母的赡养义务一般也不得因其经济困难而免除，本案中王某甲和王某丙虽自身经济也不宽裕，但并未困难到不可克服，不能免除其赡养义务，但可以考虑适当地减少赡养费；王某乙虽然没有工作，但结合其年龄和身体状况适合工作的事实，其无工作不能成为拒绝承担赡养费的正当理由；王某丙以放弃继承权为由来拒绝承担赡养义务亦不能被支持，因为我国《老年人权益保障法》第 19 条第 1 款规定："赡养人不得以放弃继承权或者其他理由，拒绝履行赡养义务。"

赡养费数额的确定应当综合考虑双方当事人的各种具体情况酌定。一方面要考虑被赡养人的身体状况、收入状况、有无住所、有无医疗保险等，另一方面还要考虑赡养人的经济能力和负担，如子女读书、住房情况、配偶有无收入等，此外还要考虑当地的消费水平。本案中王某虽无退休工资，但每月有230元房租收入，有稳定的住所，身体也基本健康，尚有一定的劳动能力；另一方面三个子女各自生活都不宽裕，同时还要负担母亲的赡养费，结合河南省2011年农村居民人均生活消费支出为3685元、城镇居民人均消费支出为10 839元的经济数据，故笔者认为王某请求的赡养费的数额过高，赡养费的给付标准应酌定为每个子女负担200元左右为宜。

本案王某还要求子女支付其住院的医疗费7995元是否应当支持，还是已经包含在赡养费内不得另行请求？《老年人权益保障法》第15条规定："赡养人应当使患病的老年人及时得到治疗和护理；对经济困难的老年人，应当提供医疗费用。对生活不能自理的老年人，赡养人应当承担照料责任；不能亲自照料的，可以按照老年人的意愿委托他人或者养老机构等照料。"据此，司法实务中一般认为赡养费只是满足日常基本生活费用所需，对于大病医疗费、生活不能自理老人的保姆费等合理支出并不包含在赡养费当中，故本案可以支持王某的医疗费诉求。且本案中王某并未请求给付此前的已发生赡养费，只请求支付之前发生的住院医疗费，笔者认为应当予以支持。但对于医保已经报销的3740元不得重复请求，对其个人自付部分的4255元，应当由王某甲、王某乙、王某丙平均分摊。

实训巩固训练

【巩固训练案例1】

原告叶小某1982年2月出生，系叶某与李某的婚生女儿。叶某与李某于1998年协议离婚，原告随母亲李某生活，叶某每月支付300元抚养费，至其年满18周岁止。2000年9月，原告考取广东农工商职业技术学院，每学期学费为4250元，三年共计12 750元，其在校期间每月生活费约600元。原告由于患有乙肝，从2000年至今花去医疗费共计2397元。原告的母亲李某现已失业，领取政府失业救济金。叶某月工资约1000元，已支付了原告年满18周岁前的抚养费，其还有在农村生活的父母需要赡养。现原告起诉要求叶某支付其大学期间的学费、生活费、医疗费。[1]

【训练案例分析思路】

1. 已成年的子女能否要求父母继续支付抚养费？其法律依据是什么？

2. 已成年的子女要求父母支付抚养费的条件是什么？本案中子女的请求是否应当支持？

3. 形成本案的书面处理意见。

---

〔1〕 案例来源：(2003) 佛中法民一终字第757号。

【巩固训练案例 2】

沈某与姚某于 2001 年登记结婚，2004 年 9 月生育一子姚小某。后沈某与姚某于 2006 年 3 月协议离婚，姚小某随母亲沈某生活，由沈某自行抚养。

2010 年沈某因父亲中风需要治疗和请保姆陪护，负担姚小某的生活费用出现困难，遂起诉至法院，要求：①姚某给付姚小某抚养费每月 500 元；②姚某负担姚小某医疗费的 1/2；③姚某负担姚小某教育费的 1/2。姚某辩称：不同意姚小某及其法定代理人沈某的诉讼请求，自己靠打零工为生，自身难保，而姚小某的母亲沈某有稳定的工作，如自已有工作，可以给付姚小某抚养费。

【训练案例分析思路】

1. 协议离婚中一方承诺独自抚养子女的，事后能否又反悔索要子女的抚养费？

2. 子女抚养费的给付标准应考虑哪些因素？

3. 抚养费中是否已包含教育费和医疗费？本案应当如何处理？

实训项目三　祖孙间的扶养

能力目标

通过实训了解法律关于其他近亲属间扶养关系的规定，着重掌握（外）祖父母与（外）孙子女彼此间形成扶养关系应具备的条件，培养学生处理其他近亲属间扶养关系纠纷的技能。

实训案例

亢某与亢某乙、亢某丁等赡养纠纷[1]

原告：亢某，男，1938 年 2 月出生，现住临汾市尧都区。

被告：亢某乙，男，1959 年出生，系原告儿子。

被告：亢某孙，男，现年 26 岁，系原告儿子亢某丙（已故）之子。

被告：亢某丁，男，1967 年 5 月出生，系原告儿子。

2017 年 5 月，原告亢某起诉被告亢某乙、亢某孙、亢某丁，要求三被告对其履行赡养义务。诉讼请求有二：①被告每人每月支付原告生活费 300 元；②本案诉讼费用由被告承担。事实和理由有：原告妻子已故，由长子亢某甲履行了对母亲的生养死葬的义务，现在原告已近 80 岁，无劳动能力、无收入，三被告对原告的生活费分文不付给。原告实在无法生存，只能诉至本院。

---

〔1〕 案例来源：（2017）晋 1002 民初 2492 号。

亢某乙和亢某孙均未递交答辩状亦未提交证据。亢某丁辩称，2013 年原告带人来亢某丁家宣读赡养协议书，剥夺了亢某丁的赡养权。原告曾说老大、老二各管一个老人，亢某丁不需要赡养。被告亢某丁提供了 2013 年 12 月 20 日，亢某及亢某丙妻子赵某达成的《赡养老人及财产继承协定书》复印件一份，双方约定亢某由赵某赡养，亢某丁不需要赡养亢某，也不继承亢某的遗产。被告亢某丁称不能提供原件的原因是自始至终持有的就是复印件。

经审理查明：原告亢某与妻子（已故）育有 4 个儿子 1 个女儿，分别是亢某甲、亢某乙、亢某丙、亢某丁、亢某戊，亢某丙于 2009 年去世，被告亢某孙系亢某丙的儿子。现原告因年龄太大无劳动能力及收入，要求被告亢某乙、亢某丁及亢某孙代替其父亲亢某丙履行赡养义务。原告称妻子去世时的丧葬费全部由老大亢某甲支付，女儿亢某戊已出嫁，因此不要求二人再履行对原告的赡养义务。

此外，原告对《赡养老人及财产继承协定书》复印件的真实性不予认可，2016 年山西省城镇居民的人均消费支出 16 993 元。

实训目标

通过对本案的分析讨论，了解法律关于（外）祖父母与（外）孙子女间扶养关系的规定，掌握（外）祖父母与（外）孙子女彼此间形成扶养关系应具备的条件，扶养费给付的标准和方式等。

实训方法

模拟法庭辩论，并制作民事判决书。

实训步骤

1. 学生分别扮演原告方、被告方、审判人员等角色，对各自的主张进行模拟法庭辩论。

2. 学生讨论对本案应当如何处理，写出起诉状、答辩状。

3. 学生根据模拟法庭辩论结果制作民事判决书。

学理分析

本案既涉及父母子女间的扶养关系，又涉及（外）祖父母与（外）孙子女间的扶养关系。对于父母子女间的扶养关系，前面实训案例已涉，故此处我们重点讨论祖孙间的扶养关系。我国《民法典》第 1074 条规定：“有负担能力的祖父母、外祖父母，对于父母已经死亡或父母无力抚养的未成年孙子女、外孙子女，有抚养的义务。有负担能力的孙子女、外孙子女，对于子女已经死亡或子女无力赡养的祖父母、外祖父母，有赡养的义务。”根据本条规定，祖孙间的扶养关系不是无条件的，而是附条件的，具体而言应当具备下列条件：①被抚养人的父母、被赡养人的子女已经死亡或者无力抚养或赡养；②被抚养人必须是未成年人，被赡养人必须是需要赡养的老年人；③抚养人或赡养人必须有负担能力。本条未对“有负担能力”的标准作出明确的规定，实践中应根据本人的具体情况和当地群众的一般生活水平判定。本案中原告是年近 80 岁，没有劳动能力和收入来源的农村老人，被告亢某孙系亢某的儿子亢某丙之子，年满 26 周岁，属于有负担能力的孙子，理应依法对祖父承担赡养义务，其承担的份额为其已故父亲应承担的份额。根据权利义务相一致的原则，相应地我国法律规定了代位继承制度：被继承人的子女先于被继承人死亡的，由被继承人的子女的晚辈直系血亲代位继承。代位继承人一般只能继承他的父亲或者母亲有权继承的遗产份额。

对于本案中亢某丁抗辩称，亢某及亢某丙妻子赵某双方约定亢某由赵某赡养，并提供了《赡养老人及财产继承协定书》复印件一份以证明自己无需承担赡养义务，因原告对该协定书复印件的真实性不予认可，亢某丁又未能提供其他证据予以佐证，故法院无法采信。但假如亢某丁能够提供协定书的原件，是否就可以依协议对亢某不承担赡养义务呢？实务中赡养人之间以及赡养人与被赡养人之间就赡养问题签订协议的情形并不少见，对此，《老年人权益保障法》第 20 条规定：“经老年人同意，赡养人之间可以就履行赡养义务签订协议。赡养协议的内容不得违反法律的规定和老年人的意愿。基层群众性自治组织、老年人组织或者赡养人所在单位监督协议的履行。”但该协议应理解为赡养人对赡养老人的具体内容、赡养的方式、周期和职责分工的一种约定，而不是免除赡养义务的约定。赡养义务是法定的义务，是不能通过约定来加以排除和限制的。故即使亢某丁能够提供协定书的原件也是无效的。

此外，本案中原告亢某称妻子去世时的丧葬费全部由老大亢某甲支付，女儿亢某戊已出嫁，因此不要求二人再履行对原告的赡养义务。该说法难以得到法院的认可，因为亢某甲为母亲支付的丧葬费用与本案没有直接关系，亢某戊已出嫁并不能免除其对原告的赡养义务。

本案中原告亢某请求支付的赡养费每月共 900 元是否妥当，应当考虑亢某的实际生活需要、当地的生活水平及被告的负担能力综合确定。根据官方的统计数据，2016 年山西省城镇居民的人均消费支出 16 993 元，亢某已近 80 岁，没有收入也没有劳动能力，而三被告并无生活上的特殊困难，故每月 900 元的赡养费诉讼请求应予以支持。赡养费应当由亢某的四个子女及亢某孙平均分摊，故三被告每人每月应支付原告生活费 180 元。

实训巩固训练

【巩固训练案例】

原告王小某诉被告张某抚养费纠纷案经法院审理查明，原、被告系母子关系。2010 年 5 月 10 日，原告父母经本院调解离婚，双方约定原告随父亲王某生活，王某自愿承担原告抚养费全部。2011 年 5 月王某病逝，原告随祖父母生活。后因被告未给付抚养费，原告诉至本院，要求被告每月支付抚养费 600 元，诉讼费由被告承担。

原告提供天津市滨海新区人民法院于 2010 年 5 月 10 日制作的（2010）滨汉民初字第 419 号民事调解书，载明“原告王某与被告张某同意离婚；婚生之子王小某随原告生活，原告自愿承担抚养费全部”。原告以此证明原告父母已经离婚，原告随父亲生活。

庭审中，被告不同意原告的诉讼请求，认为法院的民事调解书载明原告之父承担原告全部抚养费，原告以其父去世为由向被告主张抚养费，是毫无道理的；原告的祖父母继承了原告父亲的遗产，他们就应该用所继承的财产来抚养原告；被告无固定职业，干零工的收入连自己的生活都无法保证，不具有给付抚养费的能力。[1]

【训练案例分析思路】

1. 被告能否以天津市滨海新区人民法院的民事调解书来抗辩不承担抚养义务？
2. 原告的祖父母继承了原告父亲的遗产，是否就对原告产生了抚养义务？
3. 本案的原告应当由祖父母抚养还是由被告抚养？

实训项目四　兄弟姐妹间的扶养

能力目标

掌握兄弟姐妹之间扶养的法律规定及相互间扶养义务发生的条件。

实训案例

李甲、李乙、李丙为姐弟三人。其父母早年车祸双亡，大姐李甲将两个弟弟李乙和李丙扶养成人并为他们举行婚礼成家，自己却终身未婚，且因常年劳作落下疾病。李乙和李丙长大成年后工作稳定，各自成家并育有子女。而李甲却因年龄增大疾病缠身而丧失劳动能力。为了生活，李甲要求李乙和李丙每月支付其 400 元生活费，而两人却以抚养子女压力很重为由拒绝支付李甲生活费。李甲伤心至极，于是向法院提起诉讼。

请问：李甲的主张能否得到法院的支持？

实训目标

通过对本案的分析讨论，使学生掌握发生在兄弟姐妹之间扶养义务的基础和前提；明确兄弟姐妹之间的扶养义务具体应如何承担，应考虑的因素有哪些。

---

〔1〕 案例来源：（2014）滨汉民初字第 651 号。

实训方法

分组讨论法，角色模拟和演练法，制作书面调解意见书。

实训步骤

1. 学生分小组讨论，根据案例素材，分析本案中双方当事人争议的焦点是什么。
2. 学生讨论判断李甲能否请求李乙、李丙给付扶养费，说出依据的相关法律法规。
3. 分析如需支付扶养费，确定扶养费的数额时应考虑哪些因素。
4. 汇总形成本案的书面调解处理意见。
5. 教师点评与归纳总结。

学理分析

根据《民法典》第1075条的规定，在特定条件下兄弟姐妹之间有相互扶养的义务。一方面，有负担能力的兄、姐对于父母已经死亡或父母无力抚养的未成年的弟、妹有扶养的义务；另一方面，由兄、姐扶养长大的有负担能力的弟、妹，对于缺乏劳动能力又没有生活来源的兄、姐有扶养的义务。

本案中，李甲在父母去世后尽到了扶养照顾两个弟弟的义务，作出了巨大的牺牲，在其丧失劳动能力时本应得到弟弟的照顾，但是李乙和李丙却拒绝支付其必要的生活费。李乙和李丙的行为不但在道德上是应该被谴责的，在法律上也应是被否定的。李乙和李丙两人具有固定收入，应当承担扶养李甲的法定义务。因此，李甲要求李乙和李丙支付生活费的主张应当得到法院的支持，法院应当在不影响李乙和李丙家庭生活的基础上，根据他们的经济条件，争取调解解决。

实训巩固训练

【巩固训练案例1】

扶养顺位纠纷案

彭某大学毕业后在上海某中外合资企业任职，每月工资3万元。其祖父母、父母均为下岗工人，没有生活来源，其还有一个13岁的妹妹正在上高中。得知彭某每个月有3万元收入后，其祖父母、父母都向其索要生活费，父母还让他供妹妹读书，彭某仅同意支付其父母生活费，拒绝给予其他人生活费。

【训练案例分析思路】

1. 彭某的做法于法有据吗？

2. 近亲属之间具有相互扶养的义务吗？本案在存在辈分不同的近亲属的情况下，顺位在先的人是否有权优先获得扶养？

3. 彭某承担父母的生活费仍有余力的情况下，是否应当向其祖父母和妹妹支付必要的生活费？

4. 依据《民法典》第1074条和第1075条的规定分析。

【巩固训练案例2】

小华在2015年5月10日12岁时，因生父饮酒过多猝死，随生母与继父欧伯共同生活，欧伯对其进行了抚养教育，双方形成了抚养关系。欧伯的儿子欧某在父母离婚后由生母抚养，欧伯再婚时欧某已参加工作，月收入5000余元。2018年10月1日，欧伯夫妇携小华外出旅游时遇车祸双双死亡，小华虽幸免于难却丧失了生活来源，希望能得到欧某的经济帮助，完成学业，欧某拒绝了小华的要求。

【训练案例分析思路】

1. 小华与欧伯之间拟制血亲的父子关系产生后，小华与欧某之间是否必然产生拟制血亲的兄弟关系？

2. 欧某作为小华的继兄，是否有扶养小华的义务？

3. 如果欧某是小华的同母异父的哥哥，是否有扶养小华的义务？

4. 根据《民法典》第1075条，结合《民法典》第1127条第5款"本编所称兄弟姐妹，包括同父母的兄弟姐妹、同父异母或者同母异父的兄弟姐妹、养兄弟姐妹、有扶养关系的继兄弟姐妹"之规定分析。

【巩固训练案例3】

老赵婚后生有一子一女，均已结婚成家，生活富裕。现老赵年老体弱，无劳动能力，子女均不愿履行赡养费的支付义务，理由是老赵兄弟姐妹四人，他为老大，其父母早亡，其弟妹三人均由老赵扶养长大。因此他的子女坚决要求老赵的三个弟妹承担扶养老赵的义务。

【训练案例分析思路】

1. 老赵可否要求弟妹履行扶养义务？

2. 如果老赵的三个弟妹承担扶养老赵的义务，是否他的子女就可以免除赡养义务？

3. 根据案情，制作一份民事调解书。

附：

最高人民法院关于对年老、无子女的人能否按婚姻法第二十三条类推判决有负担能力的兄弟姐妹承担扶养义务的复函

（1981年9月1日）

上海市高级人民法院：

你院（81）沪高民督字第54号"关于对年老、无子女的人，能否按照婚姻法第23条类推，判决有负担能力的兄弟姐妹承担扶养义务的请示报告"收悉。经研究，基本同意你院的意见。李荷秀过去对其弟妹尽过扶助义务，现年老，丧失劳动能力，又无

子女赡养，参照婚姻法有关规定的精神，根据权利义务一致的原则，李培沅、李莉对李荷秀应承担抚养义务，但不宜用“类推”的提法。在处理中，要依靠李培沅、李莉等所在单位组织，对其进行思想教育。并主要根据他们的经济条件，争取调解解决。

此复。

附 录 一

婚姻家庭主要法律法规索引

一、一般规定

编号	主题	参照文件	
		文件名称	条款
1	婚姻家庭编保护的行为	民法典：婚姻家庭	第 1041、1043、1044 条
2	婚姻家庭编禁止的行为	民法典：婚姻家庭	第 1042 条

二、结婚部分

编号	主题	参照文件	
		文件名称	条款
1	结婚条件	民法典：婚姻家庭	第 1046~1048 条
2	结婚登记	民法典：婚姻家庭	第 1049 条
		婚姻法解释（一）	第 4 条
3	婚姻的效力	民法典：婚姻家庭	第 1050~1054 条
		婚姻法解释（一）	第 7~16 条
		婚姻法解释（二）	第 2~7 条

三、家庭关系部分

编号	主题	参照文件	
		文件名称	条款
1	家庭关系	民法典：婚姻家庭	第 1043 条

续表

编号	主题	参照文件	
		文件名称	条款
2	夫妻关系	民法典：总则	第 110、112 条
		民法典：婚姻家庭	第 1055～1059 条
3	夫妻共同财产	民法典：婚姻家庭	第 1061～1062 条
		民法典：物权	第 297～310 条
		婚姻法解释（一）	第 17～19 条
		婚姻法解释（二）	第 11～22 条
4	父母、子女关系	民法典：总则	第 17～24、26～27、34～39 条
		民法典：婚姻家庭	第 1067～1073 条
		婚姻法解释（一）	第 20～21 条
		民法典：继承	第 1127 条
		继承法意见	第 21、26 条
		民法典：婚姻家庭	第 1111、1112 条
5	（外）祖父母与（外）孙子女关系	民法典：婚姻家庭	第 1074 条
		民法典：继承	第 1127 条
6	兄姐与弟妹关系	民法典：婚姻家庭	第 1075 条

四、离婚部分

编号	主题	参照文件	
		文件名称	条款
1	离婚的实现	民法典：婚姻家庭	第 1076～1082 条
		婚姻法解释（一）	第 1～2、5、22～23、30 条
		婚姻法解释（二）	第 1、8、9 条
2	现役军人配偶要求离婚	民法典：婚姻家庭	第 1081 条
		婚姻法解释（一）	第 23 条
3	复婚	民法典：婚姻家庭	第 1083 条
4	离婚后父母、子女关系	民法典：婚姻家庭	第 1084～1086 条
		婚姻法解释（一）	第 24～26、32 条

续表

编号	主题	参照文件	
		文件名称	条款
5	离婚夫妻财产分割	民法典：婚姻家庭	第 1087~1092 条
		婚姻法解释（一）	第 27~31 条
		婚姻法解释（二）	第 8~28 条
6	离婚赔偿责任	民法典：婚姻家庭	第 1091 条
		婚姻法解释（一）	第 28~30 条
7	离婚债务承担	民法典：婚姻家庭	第 1089 条
		婚姻法解释（二）	第 23~26 条

五、收养部分

编号	主题	参照文件	
		文件名称	条款
1	收养的原则	民法典：婚姻家庭	第 1097、1111 条
2	收养关系的成立	民法典：婚姻家庭	第 1093~1110 条
3	收养关系的效力	民法典：总则	第 143 条
		民法典：婚姻家庭	第 1111~1113 条
		民法典：继承	第 1127 条
4	收养关系的解除	民法典：婚姻家庭	第 1114~1118 条

附 录 二

婚姻家庭主要法律法规

中华人民共和国民法典（节录）

（2020 年 5 月 28 日第十三届全国人民代表大会第三次会议通过）

第五编　婚姻家庭

第一章　一般规定

第一千零四十条　本编调整因婚姻家庭产生的民事关系。

第一千零四十一条　婚姻家庭受国家保护。

实行婚姻自由、一夫一妻、男女平等的婚姻制度。

保护妇女、未成年人、老年人、残疾人的合法权益。

第一千零四十二条　禁止包办、买卖婚姻和其他干涉婚姻自由的行为。禁止借婚姻索取财物。

禁止重婚。禁止有配偶者与他人同居。

禁止家庭暴力。禁止家庭成员间的虐待和遗弃。

第一千零四十三条　家庭应当树立优良家风，弘扬家庭美德，重视家庭文明建设。

夫妻应当互相忠实，互相尊重，互相关爱；家庭成员应当敬老爱幼，互相帮助，维护平等、和睦、文明的婚姻家庭关系。

第一千零四十四条　收养应当遵循最有利于被收养人的原则，保障被收养人和收养人的合法权益。

禁止借收养名义买卖未成年人。

第一千零四十五条　亲属包括配偶、血亲和姻亲。

配偶、父母、子女、兄弟姐妹、祖父母、外祖父母、孙子女、外孙子女为近亲属。

配偶、父母、子女和其他共同生活的近亲属为家庭成员。

第二章　结婚

第一千零四十六条　结婚应当男女双方完全自愿，禁止任何一方对另一方加以强迫，禁止任何组织或者个人加以干涉。

第一千零四十七条　结婚年龄，男不得早于二十二周岁，女不得早于二十周岁。

第一千零四十八条　直系血亲或者三代以内的旁系血亲禁止结婚。

第一千零四十九条　要求结婚的男女双方应当亲自到婚姻登记机关申请结婚登记。符合本法规定的，予以登记，发给结婚证。完成结婚登记，即确立婚姻关系。未办理结婚登记的，应当补办登记。

第一千零五十条　登记结婚后，按照男女双方约定，女方可以成为男方家庭的成员，男方可以成为女方家庭的成员。

第一千零五十一条　有下列情形之一的，婚姻无效：

（一）重婚；

（二）有禁止结婚的亲属关系；

（三）未到法定婚龄。

第一千零五十二条　因胁迫结婚的，受胁迫的一方可以向人民法院请求撤销婚姻。

请求撤销婚姻的，应当自胁迫行为终止之日起一年内提出。

被非法限制人身自由的当事人请求撤销婚姻的，应当自恢复人身自由之日起一年内提出。

第一千零五十三条　一方患有重大疾病的，应当在结婚登记前如实告知另一方；不如实告知的，另一方可以向人民法院请求撤销婚姻。

请求撤销婚姻的，应当自知道或者应当知道撤销事由之日起一年内提出。

第一千零五十四条　无效的或者被撤销的婚姻自始没有法律约束力，当事人不具有夫妻的权利和义务。同居期间所得的财产，由当事人协议处理；协议不成的，由人民法院根据照顾无过错方的原则判决。对重婚导致的无效婚姻的财产处理，不得侵害合法婚姻当事人的财产权益。当事人所生的子女，适用本法关于父母子女的规定。

婚姻无效或者被撤销的，无过错方有权请求损害赔偿。

第三章　家庭关系

第一节　夫妻关系

第一千零五十五条　夫妻在婚姻家庭中地位平等。

第一千零五十六条　夫妻双方都有各自使用自己姓名的权利。

第一千零五十七条　夫妻双方都有参加生产、工作、学习和社会活动的自由，一方不得对另一方加以限制或者干涉。

第一千零五十八条　夫妻双方平等享有对未成年子女抚养、教育和保护的权利，共同承担对未成年子女抚养、教育和保护的义务。

第一千零五十九条 夫妻有相互扶养的义务。

需要扶养的一方，在另一方不履行扶养义务时，有要求其给付扶养费的权利。

第一千零六十条 夫妻一方因家庭日常生活需要而实施的民事法律行为，对夫妻双方发生效力，但是夫妻一方与相对人另有约定的除外。

夫妻之间对一方可以实施的民事法律行为范围的限制，不得对抗善意相对人。

第一千零六十一条 夫妻有相互继承遗产的权利。

第一千零六十二条 夫妻在婚姻关系存续期间所得的下列财产，为夫妻的共同财产，归夫妻共同所有：

（一）工资、奖金、劳务报酬；

（二）生产、经营、投资的收益；

（三）知识产权的收益；

（四）继承或者受赠的财产，但是本法第一千零六十三条第三项规定的除外；

（五）其他应当归共同所有的财产。

夫妻对共同财产，有平等的处理权。

第一千零六十三条 下列财产为夫妻一方的个人财产：

（一）一方的婚前财产；

（二）一方因受到人身损害获得的赔偿或者补偿；

（三）遗嘱或者赠与合同中确定只归一方的财产；

（四）一方专用的生活用品；

（五）其他应当归一方的财产。

第一千零六十四条 夫妻双方共同签名或者夫妻一方事后追认等共同意思表示所负的债务，以及夫妻一方在婚姻关系存续期间以个人名义为家庭日常生活需要所负的债务，属于夫妻共同债务。

夫妻一方在婚姻关系存续期间以个人名义超出家庭日常生活需要所负的债务，不属于夫妻共同债务；但是，债权人能够证明该债务用于夫妻共同生活、共同生产经营或者基于夫妻双方共同意思表示的除外。

第一千零六十五条 男女双方可以约定婚姻关系存续期间所得的财产以及婚前财产归各自所有、共同所有或者部分各自所有、部分共同所有。约定应当采用书面形式。没有约定或者约定不明确的，适用本法第一千零六十二条、第一千零六十三条的规定。

夫妻对婚姻关系存续期间所得的财产以及婚前财产的约定，对双方具有法律约束力。

夫妻对婚姻关系存续期间所得的财产约定归各自所有，夫或者妻一方对外所负的债务，相对人知道该约定的，以夫或者妻一方的个人财产清偿。

第一千零六十六条 婚姻关系存续期间，有下列情形之一的，夫妻一方可以向人民法院请求分割共同财产：

（一）一方有隐藏、转移、变卖、毁损、挥霍夫妻共同财产或者伪造夫妻共同债务等严重损害夫妻共同财产利益的行为；

（二）一方负有法定扶养义务的人患重大疾病需要医治，另一方不同意支付相关医疗费用。

第二节　父母子女关系和其他近亲属关系

第一千零六十七条　父母不履行抚养义务的，未成年子女或者不能独立生活的成年子女，有要求父母给付抚养费的权利。

成年子女不履行赡养义务的，缺乏劳动能力或者生活困难的父母，有要求成年子女给付赡养费的权利。

第一千零六十八条　父母有教育、保护未成年子女的权利和义务。未成年子女造成他人损害的，父母应当依法承担民事责任。

第一千零六十九条　子女应当尊重父母的婚姻权利，不得干涉父母离婚、再婚以及婚后的生活。子女对父母的赡养义务，不因父母的婚姻关系变化而终止。

第一千零七十条　父母和子女有相互继承遗产的权利。

第一千零七十一条　非婚生子女享有与婚生子女同等的权利，任何组织或者个人不得加以危害和歧视。

不直接抚养非婚生子女的生父或者生母，应当负担未成年子女或者不能独立生活的成年子女的抚养费。

第一千零七十二条　继父母与继子女间，不得虐待或者歧视。

继父或者继母和受其抚养教育的继子女间的权利义务关系，适用本法关于父母子女关系的规定。

第一千零七十三条　对亲子关系有异议且有正当理由的，父或者母可以向人民法院提起诉讼，请求确认或者否认亲子关系。

对亲子关系有异议且有正当理由的，成年子女可以向人民法院提起诉讼，请求确认亲子关系。

第一千零七十四条　有负担能力的祖父母、外祖父母，对于父母已经死亡或者父母无力抚养的未成年孙子女、外孙子女，有抚养的义务。

有负担能力的孙子女、外孙子女，对于子女已经死亡或者子女无力赡养的祖父母、外祖父母，有赡养的义务。

第一千零七十五条　有负担能力的兄、姐，对于父母已经死亡或者父母无力抚养的未成年弟、妹，有扶养的义务。

由兄、姐扶养长大的有负担能力的弟、妹，对于缺乏劳动能力又缺乏生活来源的兄、姐，有扶养的义务。

第四章　离婚

第一千零七十六条　夫妻双方自愿离婚的，应当签订书面离婚协议，并亲自到婚姻登记机关申请离婚登记。

离婚协议应当载明双方自愿离婚的意思表示和对子女抚养、财产以及债务处理等事项协商一致的意见。

第一千零七十七条 自婚姻登记机关收到离婚登记申请之日起三十日内，任何一方不愿意离婚的，可以向婚姻登记机关撤回离婚登记申请。

前款规定期限届满后三十日内，双方应当亲自到婚姻登记机关申请发给离婚证；未申请的，视为撤回离婚登记申请。

第一千零七十八条 婚姻登记机关查明双方确实是自愿离婚，并已经对子女抚养、财产以及债务处理等事项协商一致的，予以登记，发给离婚证。

第一千零七十九条 夫妻一方要求离婚的，可以由有关组织进行调解或者直接向人民法院提起离婚诉讼。

人民法院审理离婚案件，应当进行调解；如果感情确已破裂，调解无效的，应当准予离婚。

有下列情形之一，调解无效的，应当准予离婚：

（一）重婚或者与他人同居；

（二）实施家庭暴力或者虐待、遗弃家庭成员；

（三）有赌博、吸毒等恶习屡教不改；

（四）因感情不和分居满二年；

（五）其他导致夫妻感情破裂的情形。

一方被宣告失踪，另一方提起离婚诉讼的，应当准予离婚。

经人民法院判决不准离婚后，双方又分居满一年，一方再次提起离婚诉讼的，应当准予离婚。

第一千零八十条 完成离婚登记，或者离婚判决书、调解书生效，即解除婚姻关系。

第一千零八十一条 现役军人的配偶要求离婚，应当征得军人同意，但是军人一方有重大过错的除外。

第一千零八十二条 女方在怀孕期间、分娩后一年内或者终止妊娠后六个月内，男方不得提出离婚；但是，女方提出离婚或者人民法院认为确有必要受理男方离婚请求的除外。

第一千零八十三条 离婚后，男女双方自愿恢复婚姻关系的，应当到婚姻登记机关重新进行结婚登记。

第一千零八十四条 父母与子女间的关系，不因父母离婚而消除。离婚后，子女无论由父或者母直接抚养，仍是父母双方的子女。

离婚后，父母对于子女仍有抚养、教育、保护的权利和义务。

离婚后，不满两周岁的子女，以由母亲直接抚养为原则。已满两周岁的子女，父母双方对抚养问题协议不成的，由人民法院根据双方的具体情况，按照最有利于未成年子女的原则判决。子女已满八周岁的，应当尊重其真实意愿。

第一千零八十五条 离婚后，子女由一方直接抚养的，另一方应当负担部分或者全部抚养费。负担费用的多少和期限的长短，由双方协议；协议不成的，由人民法院判决。

前款规定的协议或者判决，不妨碍子女在必要时向父母任何一方提出超过协议或者判决原定数额的合理要求。

第一千零八十六条　离婚后，不直接抚养子女的父或者母，有探望子女的权利，另一方有协助的义务。

行使探望权利的方式、时间由当事人协议；协议不成的，由人民法院判决。

父或者母探望子女，不利于子女身心健康的，由人民法院依法中止探望；中止的事由消失后，应当恢复探望。

第一千零八十七条　离婚时，夫妻的共同财产由双方协议处理；协议不成的，由人民法院根据财产的具体情况，按照照顾子女、女方和无过错方权益的原则判决。

对夫或者妻在家庭土地承包经营中享有的权益等，应当依法予以保护。

第一千零八十八条　夫妻一方因抚育子女、照料老年人、协助另一方工作等负担较多义务的，离婚时有权向另一方请求补偿，另一方应当给予补偿。具体办法由双方协议；协议不成的，由人民法院判决。

第一千零八十九条　离婚时，夫妻共同债务应当共同偿还。共同财产不足清偿或者财产归各自所有的，由双方协议清偿；协议不成的，由人民法院判决。

第一千零九十条　离婚时，如果一方生活困难，有负担能力的另一方应当给予适当帮助。具体办法由双方协议；协议不成的，由人民法院判决。

第一千零九十一条　有下列情形之一，导致离婚的，无过错方有权请求损害赔偿：

（一）重婚；

（二）与他人同居；

（三）实施家庭暴力；

（四）虐待、遗弃家庭成员；

（五）有其他重大过错。

第一千零九十二条　夫妻一方隐藏、转移、变卖、毁损、挥霍夫妻共同财产，或者伪造夫妻共同债务企图侵占另一方财产的，在离婚分割夫妻共同财产时，对该方可以少分或者不分。离婚后，另一方发现有上述行为的，可以向人民法院提起诉讼，请求再次分割夫妻共同财产。

第五章　收养

第一节　收养关系的成立

第一千零九十三条　下列未成年人，可以被收养：

（一）丧失父母的孤儿；

（二）查找不到生父母的未成年人；

（三）生父母有特殊困难无力抚养的子女。

第一千零九十四条　下列个人、组织可以作送养人：

（一）孤儿的监护人；

（二）儿童福利机构；

（三）有特殊困难无力抚养子女的生父母。

第一千零九十五条 未成年人的父母均不具备完全民事行为能力且可能严重危害该未成年人的，该未成年人的监护人可以将其送养。

第一千零九十六条 监护人送养孤儿的，应当征得有抚养义务的人同意。有抚养义务的人不同意送养、监护人不愿意继续履行监护职责的，应当依照本法第一编的规定另行确定监护人。

第一千零九十七条 生父母送养子女，应当双方共同送养。生父母一方不明或者查找不到的，可以单方送养。

第一千零九十八条 收养人应当同时具备下列条件：

（一）无子女或者只有一名子女；

（二）有抚养、教育和保护被收养人的能力；

（三）未患有在医学上认为不应当收养子女的疾病；

（四）无不利于被收养人健康成长的违法犯罪记录；

（五）年满三十周岁。

第一千零九十九条 收养三代以内旁系同辈血亲的子女，可以不受本法第一千零九十三条第三项、第一千零九十四条第三项和第一千一百零二条规定的限制。

华侨收养三代以内旁系同辈血亲的子女，还可以不受本法第一千零九十八条第一项规定的限制。

第一千一百条 无子女的收养人可以收养两名子女；有子女的收养人只能收养一名子女。

收养孤儿、残疾未成年人或者儿童福利机构抚养的查找不到生父母的未成年人，可以不受前款和本法第一千零九十八条第一项规定的限制。

第一千一百零一条 有配偶者收养子女，应当夫妻共同收养。

第一千一百零二条 无配偶者收养异性子女的，收养人与被收养人的年龄应当相差四十周岁以上。

第一千一百零三条 继父或者继母经继子女的生父母同意，可以收养继子女，并可以不受本法第一千零九十三条第三项、第一千零九十四条第三项、第一千零九十八条和第一千一百条第一款规定的限制。

第一千一百零四条 收养人收养与送养人送养，应当双方自愿。收养八周岁以上未成年人的，应当征得被收养人的同意。

第一千一百零五条 收养应当向县级以上人民政府民政部门登记。收养关系自登记之日起成立。

收养查找不到生父母的未成年人的，办理登记的民政部门应当在登记前予以公告。

收养关系当事人愿意签订收养协议的，可以签订收养协议。

收养关系当事人各方或者一方要求办理收养公证的，应当办理收养公证。

县级以上人民政府民政部门应当依法进行收养评估。

第一千一百零六条　收养关系成立后，公安机关应当按照国家有关规定为被收养人办理户口登记。

第一千一百零七条　孤儿或者生父母无力抚养的子女，可以由生父母的亲属、朋友抚养；抚养人与被抚养人的关系不适用本章规定。

第一千一百零八条　配偶一方死亡，另一方送养未成年子女的，死亡一方的父母有优先抚养的权利。

第一千一百零九条　外国人依法可以在中华人民共和国收养子女。

外国人在中华人民共和国收养子女，应当经其所在国主管机关依照该国法律审查同意。收养人应当提供由其所在国有权机构出具的有关其年龄、婚姻、职业、财产、健康、有无受过刑事处罚等状况的证明材料，并与送养人签订书面协议，亲自向省、自治区、直辖市人民政府民政部门登记。

前款规定的证明材料应当经收养人所在国外交机关或者外交机关授权的机构认证，并经中华人民共和国驻该国使领馆认证，但是国家另有规定的除外。

第一千一百一十条　收养人、送养人要求保守收养秘密的，其他人应当尊重其意愿，不得泄露。

第二节　收养的效力

第一千一百一十一条　自收养关系成立之日起，养父母与养子女间的权利义务关系，适用本法关于父母子女关系的规定；养子女与养父母的近亲属间的权利义务关系，适用本法关于子女与父母的近亲属关系的规定。

养子女与生父母以及其他近亲属间的权利义务关系，因收养关系的成立而消除。

第一千一百一十二条　养子女可以随养父或者养母的姓氏，经当事人协商一致，也可以保留原姓氏。

第一千一百一十三条　有本法第一编关于民事法律行为无效规定情形或者违反本编规定的收养行为无效。

无效的收养行为自始没有法律约束力。

第三节　收养关系的解除

第一千一百一十四条　收养人在被收养人成年以前，不得解除收养关系，但是收养人、送养人双方协议解除的除外。养子女八周岁以上的，应当征得本人同意。

收养人不履行抚养义务，有虐待、遗弃等侵害未成年养子女合法权益行为的，送养人有权要求解除养父母与养子女间的收养关系。送养人、收养人不能达成解除收养关系协议的，可以向人民法院提起诉讼。

第一千一百一十五条　养父母与成年养子女关系恶化、无法共同生活的，可以协议解除收养关系。不能达成协议的，可以向人民法院提起诉讼。

第一千一百一十六条　当事人协议解除收养关系的，应当到民政部门办理解除收养关系登记。

第一千一百一十七条　收养关系解除后，养子女与养父母以及其他近亲属间的权利义务关系即行消除，与生父母以及其他近亲属间的权利义务关系自行恢复。但是，成年养子女与生父母以及其他近亲属间的权利义务关系是否恢复，可以协商确定。

第一千一百一十八条 收养关系解除后，经养父母抚养的成年养子女，对缺乏劳动能力又缺乏生活来源的养父母，应当给付生活费。因养子女成年后虐待、遗弃养父母而解除收养关系的，养父母可以要求养子女补偿收养期间支出的抚养费。

生父母要求解除收养关系的，养父母可以要求生父母适当补偿收养期间支出的抚养费；但是，因养父母虐待、遗弃养子女而解除收养关系的除外。

最高人民法院关于适用《中华人民共和国婚姻法》若干问题的解释（一）

（2001年12月24日最高人民法院审判委员会第1202次会议通过
自2001年12月27日起施行　法释〔2001〕30号）

为了正确审理婚姻家庭纠纷案件，根据《中华人民共和国婚姻法》（以下简称婚姻法）、《中华人民共和国民事诉讼法》等法律的规定，对人民法院适用婚姻法的有关问题作出如下解释：

第一条 婚姻法第三条、第三十二条、第四十三条、第四十五条、第四十六条所称的“家庭暴力”，是指行为人以殴打、捆绑、残害、强行限制人身自由或者其他手段，给其家庭成员的身体、精神等方面造成一定伤害后果的行为。持续性、经常性的家庭暴力，构成虐待。

第二条 婚姻法第三条、第三十二条、第四十六条规定的“有配偶者与他人同居”的情形，是指有配偶者与婚外异性，不以夫妻名义，持续、稳定地共同居住。

第三条 当事人仅以婚姻法第四条为依据提起诉讼的，人民法院不予受理；已经受理的，裁定驳回起诉。

第四条 男女双方根据婚姻法第八条规定补办结婚登记的，婚姻关系的效力从双方均符合婚姻法所规定的结婚的实质要件时起算。

第五条 未按婚姻法第八条规定办理结婚登记而以夫妻名义共同生活的男女，起诉到人民法院要求离婚的，应当区别对待：

（一）1994年2月1日民政部《婚姻登记管理条例》公布实施以前，男女双方已经符合结婚实质要件的，按事实婚姻处理。

（二）1994年2月1日民政部《婚姻登记管理条例》公布实施以后，男女双方符合结婚实质要件的，人民法院应当告知其在案件受理前补办结婚登记；未补办结婚登记的，按解除同居关系处理。

第六条 未按婚姻法第八条规定办理结婚登记而以夫妻名义共同生活的男女，一方死亡，另一方以配偶身份主张享有继承权的，按照本解释第五条的原则处理。

第七条 有权依据婚姻法第十条规定向人民法院就已办理结婚登记的婚姻申请宣告婚

姻无效的主体，包括婚姻当事人及利害关系人。利害关系人包括：

（一）以重婚为由申请宣告婚姻无效的，为当事人的近亲属及基层组织。

（二）以未到法定婚龄为由申请宣告婚姻无效的，为未达法定婚龄者的近亲属。

（三）以有禁止结婚的亲属关系为由申请宣告婚姻无效的，为当事人的近亲属。

（四）以婚前患有医学上认为不应当结婚的疾病，婚后尚未治愈为由申请宣告婚姻无效的，为与患病者共同生活的近亲属。

第八条　当事人依据婚姻法第十条规定向人民法院申请宣告婚姻无效的，申请时，法定的无效婚姻情形已经消失的，人民法院不予支持。

第九条　人民法院审理宣告婚姻无效案件，对婚姻效力的审理不适用调解，应当依法作出判决；有关婚姻效力的判决一经作出，即发生法律效力。

涉及财产分割和子女抚养的，可以调解。调解达成协议的，另行制作调解书。对财产分割和子女抚养问题的判决不服的，当事人可以上诉。

第十条　婚姻法第十一条所称的“胁迫”，是指行为人以给另一方当事人或者其近亲属的生命、身体健康、名誉、财产等方面造成损害为要挟，迫使另一方当事人违背真实意愿结婚的情况。

因受胁迫而请求撤销婚姻的，只能是受胁迫一方的婚姻关系当事人本人。

第十一条　人民法院审理婚姻当事人因受胁迫而请求撤销婚姻的案件，应当适用简易程序或者普通程序。

第十二条　婚姻法第十一条规定的“一年”，不适用诉讼时效中止、中断或者延长的规定。

第十三条　婚姻法第十二条所规定的自始无效，是指无效或者可撤销婚姻在依法被宣告无效或被撤销时，才确定该婚姻自始不受法律保护。

第十四条　人民法院根据当事人的申请，依法宣告婚姻无效或者撤销婚姻的，应当收缴双方的结婚证书并将生效的判决书寄送当地婚姻登记管理机关。

第十五条　被宣告无效或被撤销的婚姻，当事人同居期间所得的财产，按共同共有处理。但有证据证明为当事人一方所有的除外。

第十六条　人民法院审理重婚导致的无效婚姻案件时，涉及财产处理的，应当准许合法婚姻当事人作为有独立请求权的第三人参加诉讼。

第十七条　婚姻法第十七条关于“夫或妻对夫妻共同所有的财产，有平等的处理权”的规定，应当理解为：

（一）夫或妻在处理夫妻共同财产上的权利是平等的。因日常生活需要而处理夫妻共同财产的，任何一方均有权决定。

（二）夫或妻非因日常生活需要对夫妻共同财产做重要处理决定，夫妻双方应当平等协商，取得一致意见。他人有理由相信其为夫妻双方共同意思表示的，另一方不得以不同意或不知道为由对抗善意第三人。

第十八条　婚姻法第十九条所称“第三人知道该约定的”，夫妻一方对此负有举证责任。

第十九条 婚姻法第十八条规定为夫妻一方所有的财产，不因婚姻关系的延续而转化为夫妻共同财产。但当事人另有约定的除外。

第二十条 婚姻法第二十一条规定的“不能独立生活的子女”，是指尚在校接受高中及其以下学历教育，或者丧失或未完全丧失劳动能力等非因主观原因而无法维持正常生活的成年子女。

第二十一条 婚姻法第二十一条所称“抚养费”，包括子女生活费、教育费、医疗费等费用。

第二十二条 人民法院审理离婚案件，符合第三十二条第二款规定“应准予离婚”情形的，不应当因当事人有过错而判决不准离婚。

第二十三条 婚姻法第三十三条所称的“军人一方有重大过错”，可以依据婚姻法第三十二条第二款前三项规定及军人有其他重大过错导致夫妻感情破裂的情形予以判断。

第二十四条 人民法院作出的生效的离婚判决中未涉及探望权，当事人就探望权问题单独提起诉讼的，人民法院应予受理。

第二十五条 当事人在履行生效判决、裁定或者调解书的过程中，请求中止行使探望权的，人民法院在征询双方当事人意见后，认为需要中止行使探望权的，依法作出裁定。中止探望的情形消失后，人民法院应当根据当事人的申请通知其恢复探望权的行使。

第二十六条 未成年子女、直接抚养子女的父或母及其他对未成年子女负担抚养、教育义务的法定监护人，有权向人民法院提出中止探望权的请求。

第二十七条 婚姻法第四十二条所称“一方生活困难”，是指依靠个人财产和离婚时分得的财产无法维持当地基本生活水平。

一方离婚后没有住处的，属于生活困难。

离婚时，一方以个人财产中的住房对生活困难者进行帮助的形式，可以是房屋的居住权或者房屋的所有权。

第二十八条 婚姻法第四十六条规定的“损害赔偿”，包括物质损害赔偿和精神损害赔偿。涉及精神损害赔偿的，适用最高人民法院《关于确定民事侵权精神损害赔偿责任若干问题的解释》的有关规定。

第二十九条 承担婚姻法第四十六条规定的损害赔偿责任的主体，为离婚诉讼当事人中无过错方的配偶。

人民法院判决不准离婚的案件，对于当事人基于婚姻法第四十六条提出的损害赔偿请求，不予支持。

在婚姻关系存续期间，当事人不起诉离婚而单独依据该条规定提起损害赔偿请求的，人民法院不予受理。

第三十条 人民法院受理离婚案件时，应当将婚姻法第四十六条等规定中当事人的有关权利义务，书面告知当事人。在适用婚姻法第四十六条时，应当区分以下不同情况：

（一）符合婚姻法第四十六条规定的无过错方作为原告基于该条规定向人民法院提起损

害赔偿请求的，必须在离婚诉讼的同时提出。

（二）符合婚姻法第四十六条规定的无过错方作为被告的离婚诉讼案件，如果被告不同意离婚也不基于该条规定提起损害赔偿请求的，可以在离婚后一年内就此单独提起诉讼。

（三）无过错方作为被告的离婚诉讼案件，一审时被告未基于婚姻法第四十六条规定提出损害赔偿请求，二审期间提出的，人民法院应当进行调解，调解不成的，告知当事人在离婚后一年内另行起诉。

第三十一条　当事人依据婚姻法第四十七条的规定向人民法院提起诉讼，请求再次分割夫妻共同财产的诉讼时效为两年，从当事人发现之次日起计算。

第三十二条　婚姻法第四十八条关于对拒不执行有关探望子女等判决和裁定的，由人民法院依法强制执行的规定，是指对拒不履行协助另一方行使探望权的有关个人和单位采取拘留、罚款等强制措施，不能对子女的人身、探望行为进行强制执行。

第三十三条　婚姻法修改后正在审理的一、二审婚姻家庭纠纷案件，一律适用修改后的婚姻法。此前最高人民法院作出的相关司法解释如与本解释相抵触，以本解释为准。

第三十四条　本解释自公布之日起施行。

最高人民法院关于适用《中华人民共和国婚姻法》若干问题的解释（二）

（2003 年 12 月 4 日最高人民法院审判委员会第 1299 次会议通过
根据 2017 年 2 月 20 日最高人民法院审判委员会第 1710 次会议
《最高人民法院关于适用〈中华人民共和国婚姻法〉
若干问题的解释（二）的补充规定》修正　法释［2017］6 号）

为正确审理婚姻家庭纠纷案件，根据《中华人民共和国婚姻法》（以下简称婚姻法）、《中华人民共和国民事诉讼法》等相关法律规定，对人民法院适用婚姻法的有关问题作出如下解释：

第一条　当事人起诉请求解除同居关系的，人民法院不予受理。但当事人请求解除的同居关系，属于婚姻法第三条、第三十二条、第四十六条规定的“有配偶者与他人同居”的，人民法院应当受理并依法予以解除。

当事人因同居期间财产分割或者子女抚养纠纷提起诉讼的，人民法院应当受理。

第二条　人民法院受理申请宣告婚姻无效案件后，经审查确属无效婚姻的，应当依法作出宣告婚姻无效的判决。原告申请撤诉的，不予准许。

第三条　人民法院受理离婚案件后，经审查确属无效婚姻的，应当将婚姻无效的情形告知当事人，并依法作出宣告婚姻无效的判决。

第四条　人民法院审理无效婚姻案件，涉及财产分割和子女抚养的，应当对婚姻效力的认定和其他纠纷的处理分别制作裁判文书。

第五条　夫妻一方或者双方死亡后一年内，生存一方或者利害关系人依据婚姻法第十条的规定申请宣告婚姻无效的，人民法院应当受理。

第六条 利害关系人依据婚姻法第十条的规定，申请人民法院宣告婚姻无效的，利害关系人为申请人，婚姻关系当事人双方为被申请人。

夫妻一方死亡的，生存一方为被申请人。

夫妻双方均已死亡的，不列被申请人。

第七条 人民法院就同一婚姻关系分别受理了离婚和申请宣告婚姻无效案件的，对于离婚案件的审理，应当待申请宣告婚姻无效案件作出判决后进行。

前款所指的婚姻关系被宣告无效后，涉及财产分割和子女抚养的，应当继续审理。

第八条 离婚协议中关于财产分割的条款或者当事人因离婚就财产分割达成的协议，对男女双方具有法律约束力。

当事人因履行上述财产分割协议发生纠纷提起诉讼的，人民法院应当受理。

第九条 男女双方协议离婚后一年内就财产分割问题反悔，请求变更或者撤销财产分割协议的，人民法院应当受理。

人民法院审理后，未发现订立财产分割协议时存在欺诈、胁迫等情形的，应当依法驳回当事人的诉讼请求。

第十条 当事人请求返还按照习俗给付的彩礼的，如果查明属于以下情形，人民法院应当予以支持：

（一）双方未办理结婚登记手续的；

（二）双方办理结婚登记手续但确未共同生活的；

（三）婚前给付并导致给付人生活困难的。

适用前款第（二）、（三）项的规定，应当以双方离婚为条件。

第十一条 婚姻关系存续期间，下列财产属于婚姻法第十七条规定的“其他应当归共同所有的财产”：

（一）一方以个人财产投资取得的收益；

（二）男女双方实际取得或者应当取得的住房补贴、住房公积金；

（三）男女双方实际取得或者应当取得的养老保险金、破产安置补偿费。

第十二条 婚姻法第十七条第三项规定的“知识产权的收益”，是指婚姻关系存续期间，实际取得或者已经明确可以取得的财产性收益。

第十三条 军人的伤亡保险金、伤残补助金、医药生活补助费属于个人财产。

第十四条 人民法院审理离婚案件，涉及分割发放到军人名下的复员费、自主择业费等一次性费用的，以夫妻婚姻关系存续年限乘以年平均值，所得数额为夫妻共同财产。

前款所称年平均值，是指将发放到军人名下的上述费用总额按具体年限均分得出的数额。其具体年限为人均寿命七十岁与军人入伍时实际年龄的差额。

第十五条 夫妻双方分割共同财产中的股票、债券、投资基金份额等有价证券以及未上市股份有限公司股份时，协商不成或者按市价分配有困难的，人民法院可以根据数量按比例分配。

第十六条　人民法院审理离婚案件，涉及分割夫妻共同财产中以一方名义在有限责任公司的出资额，另一方不是该公司股东的，按以下情形分别处理：

（一）夫妻双方协商一致将出资额部分或者全部转让给该股东的配偶，过半数股东同意、其他股东明确表示放弃优先购买权的，该股东的配偶可以成为该公司股东；

（二）夫妻双方就出资额转让份额和转让价格等事项协商一致后，过半数股东不同意转让，但愿意以同等价格购买该出资额的，人民法院可以对转让出资所得财产进行分割。过半数股东不同意转让，也不愿意以同等价格购买该出资额的，视为其同意转让，该股东的配偶可以成为该公司股东。

用于证明前款规定的过半数股东同意的证据，可以是股东会决议，也可以是当事人通过其他合法途径取得的股东的书面声明材料。

第十七条　人民法院审理离婚案件，涉及分割夫妻共同财产中以一方名义在合伙企业中的出资，另一方不是该企业合伙人的，当夫妻双方协商一致，将其合伙企业中的财产份额全部或者部分转让给对方时，按以下情形分别处理：

（一）其他合伙人一致同意的，该配偶依法取得合伙人地位；

（二）其他合伙人不同意转让，在同等条件下行使优先受让权的，可以对转让所得的财产进行分割；

（三）其他合伙人不同意转让，也不行使优先受让权，但同意该合伙人退伙或者退还部分财产份额的，可以对退还的财产进行分割；

（四）其他合伙人既不同意转让，也不行使优先受让权，又不同意该合伙人退伙或者退还部分财产份额的，视为全体合伙人同意转让，该配偶依法取得合伙人地位。

第十八条　夫妻以一方名义投资设立独资企业的，人民法院分割夫妻在该独资企业中的共同财产时，应当按照以下情形分别处理：

（一）一方主张经营该企业的，对企业资产进行评估后，由取得企业一方给予另一方相应的补偿；

（二）双方均主张经营该企业的，在双方竞价基础上，由取得企业的一方给予另一方相应的补偿；

（三）双方均不愿意经营该企业的，按照《中华人民共和国个人独资企业法》等有关规定办理。

第十九条　由一方婚前承租、婚后用共同财产购买的房屋，房屋权属证书登记在一方名下的，应当认定为夫妻共同财产。

第二十条　双方对夫妻共同财产中的房屋价值及归属无法达成协议时，人民法院按以下情形分别处理：

（一）双方均主张房屋所有权并且同意竞价取得的，应当准许；

（二）一方主张房屋所有权的，由评估机构按市场价格对房屋作出评估，取得房屋所有权的一方应当给予另一方相应的补偿；

（三）双方均不主张房屋所有权的，根据当事人的申请拍卖房屋，就所得价款进行分割。

第二十一条 离婚时双方对尚未取得所有权或者尚未取得完全所有权的房屋有争议且协商不成的，人民法院不宜判决房屋所有权的归属，应当根据实际情况判决由当事人使用。

当事人就前款规定的房屋取得完全所有权后，有争议的，可以另行向人民法院提起诉讼。

第二十二条 当事人结婚前，父母为双方购置房屋出资的，该出资应当认定为对自己子女的个人赠与，但父母明确表示赠与双方的除外。

当事人结婚后，父母为双方购置房屋出资的，该出资应当认定为对夫妻双方的赠与，但父母明确表示赠与一方的除外。

第二十三条 债权人就一方婚前所负个人债务向债务人的配偶主张权利的，人民法院不予支持。但债权人能够证明所负债务用于婚后家庭共同生活的除外。

第二十四条 债权人就婚姻关系存续期间夫妻一方以个人名义所负债务主张权利的，应当按夫妻共同债务处理。但夫妻一方能够证明债权人与债务人明确约定为个人债务，或者能够证明属于婚姻法第十九条第三款规定情形的除外。

夫妻一方与第三人串通，虚构债务，第三人主张权利的，人民法院不予支持。

夫妻一方在从事赌博、吸毒等违法犯罪活动中所负债务，第三人主张权利的，人民法院不予支持。

第二十五条 当事人的离婚协议或者人民法院的判决书、裁定书、调解书已经对夫妻财产分割问题作出处理的，债权人仍有权就夫妻共同债务向男女双方主张权利。

一方就共同债务承担连带清偿责任后，基于离婚协议或者人民法院的法律文书向另一方主张追偿的，人民法院应当支持。

第二十六条 夫或妻一方死亡的，生存一方应当对婚姻关系存续期间的共同债务承担连带清偿责任。

第二十七条 当事人在婚姻登记机关办理离婚登记手续后，以婚姻法第四十六条规定为由向人民法院提出损害赔偿请求的，人民法院应当受理。但当事人在协议离婚时已经明确表示放弃该项请求，或者在办理离婚登记手续一年后提出的，不予支持。

第二十八条 夫妻一方申请对配偶的个人财产或者夫妻共同财产采取保全措施的，人民法院可以在采取保全措施可能造成损失的范围内，根据实际情况，确定合理的财产担保数额。

第二十九条 本解释自2004年4月1日起施行。

本解释施行后，人民法院新受理的一审婚姻家庭纠纷案件，适用本解释。

本解释施行后，此前最高人民法院作出的相关司法解释与本解释相抵触的，以本解释为准。

最高人民法院关于适用《中华人民共和国婚姻法》若干问题的解释（三）

（2011年7月4日由最高人民法院审判委员会第1525次会议通过
自2011年8月13日起施行　法释〔2011〕18号）

为正确审理婚姻家庭纠纷案件，根据《中华人民共和国婚姻法》、《中华人民共和国民事诉讼法》等相关法律规定，对人民法院适用婚姻法的有关问题作出如下解释：

第一条　当事人以婚姻法第十条规定以外的情形申请宣告婚姻无效的，人民法院应当判决驳回当事人的申请。

当事人以结婚登记程序存在瑕疵为由提起民事诉讼，主张撤销结婚登记的，告知其可以依法申请行政复议或者提起行政诉讼。

第二条　夫妻一方向人民法院起诉请求确认亲子关系不存在，并已提供必要证据予以证明，另一方没有相反证据又拒绝做亲子鉴定的，人民法院可以推定请求确认亲子关系不存在一方的主张成立。

当事人一方起诉请求确认亲子关系，并提供必要证据予以证明，另一方没有相反证据又拒绝做亲子鉴定的，人民法院可以推定请求确认亲子关系一方的主张成立。

第三条　婚姻关系存续期间，父母双方或者一方拒不履行抚养子女义务，未成年或者不能独立生活的子女请求支付抚养费的，人民法院应予支持。

第四条　婚姻关系存续期间，夫妻一方请求分割共同财产的，人民法院不予支持，但有下列重大理由且不损害债权人利益的除外：

（一）一方有隐藏、转移、变卖、毁损、挥霍夫妻共同财产或者伪造夫妻共同债务等严重损害夫妻共同财产利益行为的；

（二）一方负有法定扶养义务的人患重大疾病需要医治，另一方不同意支付相关医疗费用的。

第五条　夫妻一方个人财产在婚后产生的收益，除孳息和自然增值外，应认定为夫妻共同财产。

第六条　婚前或者婚姻关系存续期间，当事人约定将一方所有的房产赠与另一方，赠与方在赠与房产变更登记之前撤销赠与，另一方请求判令继续履行的，人民法院可以按照合同法第一百八十六条的规定处理。

第七条　婚后由一方父母出资为子女购买的不动产，产权登记在出资人子女名下的，可按照婚姻法第十八条第（三）项的规定，视为只对自己子女一方的赠与，该不动产应认定为夫妻一方的个人财产。

由双方父母出资购买的不动产，产权登记在一方子女名下的，该不动产可认定为双方按照各自父母的出资份额按份共有，但当事人另有约定的除外。

第八条　无民事行为能力人的配偶有虐待、遗弃等严重损害无民事行为能力一方的人身权利或者财产权益行为，其他有监护资格的人可以依照特别程序要求变更监护关系；变更后的监护人代理无民事行为能力一方提起离婚诉讼的，人民法院应予受理。

第九条 夫以妻擅自中止妊娠侵犯其生育权为由请求损害赔偿的，人民法院不予支持；夫妻双方因是否生育发生纠纷，致使感情确已破裂，一方请求离婚的，人民法院经调解无效，应依照婚姻法第三十二条第三款第（五）项的规定处理。

第十条 夫妻一方婚前签订不动产买卖合同，以个人财产支付首付款并在银行贷款，婚后用夫妻共同财产还贷，不动产登记于首付款支付方名下的，离婚时该不动产由双方协议处理。

依前款规定不能达成协议的，人民法院可以判决该不动产归产权登记一方，尚未归还的贷款为产权登记一方的个人债务。双方婚后共同还贷支付的款项及其相对应财产增值部分，离婚时应根据婚姻法第三十九条第一款规定的原则，由产权登记一方对另一方进行补偿。

第十一条 一方未经另一方同意出售夫妻共同共有的房屋，第三人善意购买、支付合理对价并办理产权登记手续，另一方主张追回该房屋的，人民法院不予支持。

夫妻一方擅自处分共同共有的房屋造成另一方损失，离婚时另一方请求赔偿损失的，人民法院应予支持。

第十二条 婚姻关系存续期间，双方用夫妻共同财产出资购买以一方父母名义参加房改的房屋，产权登记在一方父母名下，离婚时另一方主张按照夫妻共同财产对该房屋进行分割的，人民法院不予支持。购买该房屋时的出资，可以作为债权处理。

第十三条 离婚时夫妻一方尚未退休、不符合领取养老保险金条件，另一方请求按照夫妻共同财产分割养老保险金的，人民法院不予支持；婚后以夫妻共同财产缴付养老保险费，离婚时一方主张将养老金账户中婚姻关系存续期间个人实际缴付部分作为夫妻共同财产分割的，人民法院应予支持。

第十四条 当事人达成的以登记离婚或者到人民法院协议离婚为条件的财产分割协议，如果双方协议离婚未成，一方在离婚诉讼中反悔的，人民法院应当认定该财产分割协议没有生效，并根据实际情况依法对夫妻共同财产进行分割。

第十五条 婚姻关系存续期间，夫妻一方作为继承人依法可以继承的遗产，在继承人之间尚未实际分割，起诉离婚时另一方请求分割的，人民法院应当告知当事人在继承人之间实际分割遗产后另行起诉。

第十六条 夫妻之间订立借款协议，以夫妻共同财产出借给一方从事个人经营活动或用于其他个人事务的，应视为双方约定处分夫妻共同财产的行为，离婚时可按照借款协议的约定处理。

第十七条 夫妻双方均有婚姻法第四十六条规定的过错情形，一方或者双方向对方提出离婚损害赔偿请求的，人民法院不予支持。

第十八条 离婚后，一方以尚有夫妻共同财产未处理为由向人民法院起诉请求分割的，经审查该财产确属离婚时未涉及的夫妻共同财产，人民法院应当依法予以分割。

第十九条　本解释施行后，最高人民法院此前作出的相关司法解释与本解释相抵触的，以本解释为准。

婚姻登记条例

（2003年7月30日国务院第16次常务会议通过
自2003年10月1日起施行）

第一章　总则

第一条　为了规范婚姻登记工作，保障婚姻自由、一夫一妻、男女平等的婚姻制度的实施，保护婚姻当事人的合法权益，根据《中华人民共和国婚姻法》（以下简称婚姻法），制定本条例。

第二条　内地居民办理婚姻登记的机关是县级人民政府民政部门或者乡（镇）人民政府，省、自治区、直辖市人民政府可以按照便民原则确定农村居民办理婚姻登记的具体机关。

中国公民同外国人，内地居民同香港特别行政区居民（以下简称香港居民）、澳门特别行政区居民（以下简称澳门居民）、台湾地区居民（以下简称台湾居民）、华侨办理婚姻登记的机关是省、自治区、直辖市人民政府民政部门或者省、自治区、直辖市人民政府民政部门确定的机关。

第三条　婚姻登记机关的婚姻登记员应当接受婚姻登记业务培训，经考核合格，方可从事婚姻登记工作。

婚姻登记机关办理婚姻登记，除按收费标准向当事人收取工本费外，不得收取其他费用或者附加其他义务。

第二章　结婚登记

第四条　内地居民结婚，男女双方应当共同到一方当事人常住户口所在地的婚姻登记机关办理结婚登记。

中国公民同外国人在中国内地结婚的，内地居民同香港居民、澳门居民、台湾居民、华侨在中国内地结婚的，男女双方应当共同到内地居民常住户口所在地的婚姻登记机关办理结婚登记。

第五条　办理结婚登记的内地居民应当出具下列证件和证明材料：

（一）本人的户口簿、身份证；

（二）本人无配偶以及与对方当事人没有直系血亲和三代以内旁系血亲关系的签字声明。

办理结婚登记的香港居民、澳门居民、台湾居民应当出具下列证件和证明材料：

（一）本人的有效通行证、身份证；

（二）经居住地公证机构公证的本人无配偶以及与对方当事人没有直系血亲和三代以内旁系血亲关系的声明。

办理结婚登记的华侨应当出具下列证件和证明材料：

（一）本人的有效护照；

（二）居住国公证机构或者有权机关出具的、经中华人民共和国驻该国使（领）馆认证的本人无配偶以及与对方当事人没有直系血亲和三代以内旁系血亲关系的证明，或者中华人民共和国驻该国使（领）馆出具的本人无配偶以及与对方当事人没有直系血亲和三代以内旁系血亲关系的证明。

办理结婚登记的外国人应当出具下列证件和证明材料：

（一）本人的有效护照或者其他有效的国际旅行证件；

（二）所在国公证机构或者有权机关出具的、经中华人民共和国驻该国使（领）馆认证或者该国驻华使（领）馆认证的本人无配偶的证明，或者所在国驻华使（领）馆出具的本人无配偶的证明。

第六条 办理结婚登记的当事人有下列情形之一的，婚姻登记机关不予登记：

（一）未到法定结婚年龄的；

（二）非双方自愿的；

（三）一方或者双方已有配偶的；

（四）属于直系血亲或者三代以内旁系血亲的；

（五）患有医学上认为不应当结婚的疾病的。

第七条 婚姻登记机关应当对结婚登记当事人出具的证件、证明材料进行审查并询问相关情况。对当事人符合结婚条件的，应当当场予以登记，发给结婚证；对当事人不符合结婚条件不予登记的，应当向当事人说明理由。

第八条 男女双方补办结婚登记的，适用本条例结婚登记的规定。

第九条 因胁迫结婚的，受胁迫的当事人依据婚姻法第十一条的规定向婚姻登记机关请求撤销其婚姻的，应当出具下列证明材料：

（一）本人的身份证、结婚证；

（二）能够证明受胁迫结婚的证明材料。

婚姻登记机关经审查认为受胁迫结婚的情况属实且不涉及子女抚养、财产及债务问题的，应当撤销该婚姻，宣告结婚证作废。

第三章 离婚登记

第十条 内地居民自愿离婚的，男女双方应当共同到一方当事人常住户口所在地的婚姻登记机关办理离婚登记。

中国公民同外国人在中国内地自愿离婚的，内地居民同香港居民、澳门居民、台湾居民、华侨在中国内地自愿离婚的，男女双方应当共同到内地居民常住户口所在地的婚姻登记机关办理离婚登记。

第十一条 办理离婚登记的内地居民应当出具下列证件和证明材料：

（一）本人的户口簿、身份证；

（二）本人的结婚证；

（三）双方当事人共同签署的离婚协议书。

办理离婚登记的香港居民、澳门居民、台湾居民、华侨、外国人除应当出具前款第（二）项、第（三）项规定的证件、证明材料外，香港居民、澳门居民、台湾居民还应当出具本人的有效通行证、身份证，华侨、外国人还应当出具本人的有效护照或者其他有效国际旅行证件。

离婚协议书应当载明双方当事人自愿离婚的意思表示以及对子女抚养、财产及债务处理等事项协商一致的意见。

第十二条 办理离婚登记的当事人有下列情形之一的，婚姻登记机关不予受理：

（一）未达成离婚协议的；

（二）属于无民事行为能力人或者限制民事行为能力人的；

（三）其结婚登记不是在中国内地办理的。

第十三条 婚姻登记机关应当对离婚登记当事人出具的证件、证明材料进行审查并询问相关情况。对当事人确属自愿离婚，并已对子女抚养、财产、债务等问题达成一致处理意见的，应当当场予以登记，发给离婚证。

第十四条 离婚的男女双方自愿恢复夫妻关系的，应当到婚姻登记机关办理复婚登记。复婚登记适用本条例结婚登记的规定。

第四章 婚姻登记档案和婚姻登记证

第十五条 婚姻登记机关应当建立婚姻登记档案。婚姻登记档案应当长期保管。具体管理办法由国务院民政部门会同国家档案管理部门规定。

第十六条 婚姻登记机关收到人民法院宣告婚姻无效或者撤销婚姻的判决书副本后，应当将该判决书副本收入当事人的婚姻登记档案。

第十七条 结婚证、离婚证遗失或者损毁的，当事人可以持户口簿、身份证向原办理婚姻登记的机关或者一方当事人常住户口所在地的婚姻登记机关申请补领。婚姻登记机关对当事人的婚姻登记档案进行查证，确认属实的，应当为当事人补发结婚证、离婚证。

第五章 罚则

第十八条 婚姻登记机关及其婚姻登记员有下列行为之一的，对直接负责的主管人员和其他直接责任人员依法给予行政处分：

（一）为不符合婚姻登记条件的当事人办理婚姻登记的；

（二）玩忽职守造成婚姻登记档案损失的；

（三）办理婚姻登记或者补发结婚证、离婚证超过收费标准收取费用的。

违反前款第（三）项规定收取的费用，应当退还当事人。

第六章　附则

第十九条　中华人民共和国驻外使（领）馆可以依照本条例的有关规定，为男女双方均居住于驻在国的中国公民办理婚姻登记。

第二十条　本条例规定的婚姻登记证由国务院民政部门规定式样并监制。

第二十一条　当事人办理婚姻登记或者补领结婚证、离婚证应当交纳工本费。工本费的收费标准由国务院价格主管部门会同国务院财政部门规定并公布。

第二十二条　本条例自2003年10月1日起施行。1994年1月12日国务院批准、1994年2月1日民政部发布的《婚姻登记管理条例》同时废止。

最高人民法院关于人民法院审理离婚案件如何认定夫妻感情确已破裂的若干具体意见

（1989年12月13日　法［民］法［1989］38号
自发布之日起施行）

人民法院审理离婚案件，准予或不准离婚应以夫妻感情是否破裂作为区分的界限。判断夫妻感情是否确已破裂，应当从婚姻基础、婚后感情、离婚原因、夫妻关系的现状和有无和好的可能等方面综合分析。根据婚姻法的有关规定和审判实践经验，凡属下列情形之一的，视为夫妻感情确已破裂。一方坚决要求离婚，经调解无效，可依法判决准予离婚。

1. 一方患有法定禁止结婚疾病的，或一方有生理缺陷，或其他原因不能发生性行为，且难以治愈的。

2. 婚前缺乏了解，草率结婚，婚后未建立起夫妻感情，难以共同生活的。

3. 婚前隐瞒了精神病，婚后经治不愈，或者婚前知道对方患有精神病而与其结婚，或一方在夫妻共同生活期间患精神病，久治不愈的。

4. 一方欺骗对方，或者在结婚登记时弄虚作假，骗取《结婚证》的。

5. 双方办理结婚登记后，未同居生活，无和好可能的。

6. 包办、买卖婚姻、婚后一方随即提出离婚，或者虽共同生活多年，但确未建立起夫妻感情的。

7. 因感情不和分居已满3年，确无和好可能的，或者经人民法院判决不准离婚后又分居满1年，互不履行夫妻义务的。

8. 一方与他人通奸、非法同居，经教育仍无悔改表现，无过错一方起诉离婚，或者过错方起诉离婚，对方不同意离婚，经批评教育，处分，或在人民法院判决不准离婚后，过错方又起诉离婚，确无和好可能的。

9. 一方重婚，对方提出离婚的。

10. 一方好逸恶劳、有赌博等恶习，不履行家庭义务、屡教不改，夫妻难以共同生活的。

11. 一方被依法判处长期徒刑，或其违法、犯罪行为严重伤害夫妻感情的。

12. 一方下落不明满二年，对方起诉离婚，经公告查找确无下落的。

13. 受对方的虐待、遗弃，或者受对方亲属虐待，或虐待对方亲属，经教育不改，另一方不谅解的。

14. 因其他原因导致夫妻感情确已破裂的。

最高人民法院关于人民法院审理离婚案件处理子女抚养问题的若干具体意见

（1993年11月3日　法发〔1993〕30号　自发布之日起施行）

人民法院审理离婚案件，对子女抚养问题，应当依照《中华人民共和国婚姻法》第二十九条、第三十条及有关法律规定，从有利于子女身心健康，保障子女的合法权益出发，结合父母双方的抚养能力和抚养条件等具体情况妥善解决。根据上述原则，结合审判实践，提出如下具体意见：

1. 两周岁以下的子女，一般随母方生活。母方有下列情形之一的，可随父方生活：

（1）患有久治不愈的传染性疾病或其他严重疾病，子女不宜与其共同生活的；

（2）有抚养条件不尽抚养义务，而父方要求子女随其生活的；

（3）因其他原因，子女确无法随母方生活的。

2. 父母双方协议两周岁以下子女随父方生活，并对子女健康成长无不利影响的，可予准许。

3. 对两周岁以上未成年的子女，父方和母方均要求随其生活，一方有下列情形之一的，可予优先考虑：

（1）已做绝育手术或因其他原因丧失生育能力的；

（2）子女随其生活时间较长，改变生活环境对子女健康成长明显不利的；

（3）无其他子女，而另一方有其他子女的；

（4）子女随其生活，对子女成长有利，而另一方患有久治不愈的传染性疾病或其他严重疾病，或者有其他不利于子女身心健康的情形，不宜与子女共同生活的。

4. 父方与母方抚养子女的条件基本相同，双方均要求子女与其共同生活，但子女单独随祖父母或外祖父母共同生活多年，且祖父母或外祖父母要求并且有能力帮助子女照顾孙子女或外孙子女的，可作为子女随父或母生活的优先条件予以考虑。

5. 父母双方对十周岁以上的未成年子女随父或随母生活发生争执的，应考虑该子女的意见。

6. 在有利于保护子女利益的前提下，父母双方协议轮流抚养子女的，可予准许。

7. 子女抚育费的数额，可根据子女的实际需要、父母双方的负担能力和当地的实际生活水平确定。

有固定收入的，抚育费一般可按其月总收入的百分之二十至三十的比例给付。负担两个以上子女抚育费的，比例可适当提高，但一般不得超过月总收入的百分之五十。

无固定收入的，抚育费的数额可依据当年总收入或同行业平均收入，参照上述比例确定。

有特殊情况的，可适当提高或降低上述比例。

8. 抚育费应定期给付，有条件的可一次性给付。

9. 对一方无经济收入或者下落不明的，可用其财物折抵子女抚育费。

10. 父母双方可以协议子女随一方生活并由抚养方负担子女全部抚育费。但经查实，抚养方的抚养能力明显不能保障子女所需费用，影响子女健康成长的，不予准许。

11. 抚育费的给付期限，一般至子女十八周岁为止。

十六周岁以上不满十八周岁，以其劳动收入为主要生活来源，并能维持当地一般生活水平的，父母可停止给付抚育费。

12. 尚未独立生活的成年子女有下列情形之一，父母又有给付能力的，仍应负担必要的抚育费：

（1）丧失劳动能力或虽未完全丧失劳动能力，但其收入不足以维持生活的；

（2）尚在校就读的；

（3）确无独立生活能力和条件的。

13. 生父与继母或生母与继父离婚时，对曾受其抚养教育的继子女，继父或继母不同意继续抚养的，仍应由生父母抚养。

14.《中华人民共和国收养法》施行前，夫或妻一方收养的子女，对方未表示反对，并与该子女形成事实收养关系的，离婚后，应由双方负担子女的抚育费；夫或妻一方收养的子女，对方始终反对的，离婚后，应由收养方抚养该子女。

15. 离婚后，一方要求变更子女抚养关系的，或者子女要求增加抚育费的，应另行起诉。

16. 一方要求变更子女抚养关系有下列情形之一的，应予支持。

（1）与子女共同生活的一方因患严重疾病或因伤残无力继续抚养子女的；

（2）与子女共同生活的一方不尽抚养义务或有虐待子女行为，或其与子女共同生活对子女身心健康确有不利影响的；

（3）十周岁以上未成年子女，愿随另一方生活，该方又有抚养能力的；

（4）有其他正当理由需要变更的。

17. 父母双方协议变更子女抚养关系的，应予准许。

18. 子女要求增加抚育费有下列情形之一，父或母有给付能力的，应予支持。

（1）原定抚育费数额不足以维持当地实际生活水平的；

（2）因子女患病、上学，实际需要已超过原定数额的；

（3）有其他正当理由应当增加的。

19. 父母不得因子女变更姓氏而拒付子女抚育费。父或母一方擅自将子女姓氏改为继母或继父姓氏而引起纠纷的，应责令恢复原姓氏。

20. 在离婚诉讼期间，双方均拒绝抚养子女的，可先行裁定暂由一方抚养。

21. 对拒不履行或妨害他人履行生效判决、裁定、调解中有关子女抚养义务的当事人或者其他人，人民法院可依照《中华人民共和国民事诉讼法》第一百零二条的规定采取强制措施。

最高人民法院关于人民法院审理离婚案件处理财产分割问题的若干具体意见

（1993 年 11 月 3 日　法发〔1993〕32 号　自发布之日起施行）

人民法院审理离婚案件对夫妻共同财产的处理，应当依照《中华人民共和国婚姻法》、《中华人民共和国妇女权益保障法》及有关法律规定，分清个人财产、夫妻共同财产和家庭共同财产，坚持男女平等，保护妇女、儿童的合法权益，照顾无过错方，尊重当事人意愿，有利生产、方便生活的原则，合情合理地予以解决。根据上述原则，结合审判实践，提出如下具体意见：

1. 夫妻双方对财产归谁所有以书面形式约定的，或以口头形式约定，双方无争议的，离婚时应按约定处理。但规避法律的约定无效。

2. 夫妻双方在婚姻关系存续期间所得的财产，为夫妻共同财产，包括：

（1）一方或双方劳动所得的收入和购置的财产；

（2）一方或双方继承、受赠的财产；

（3）一方或双方由知识产权取得的经济利益；

（4）一方或双方从事承包、租赁等生产、经营活动的收益；

（5）一方或双方取得的债权；

（6）一方或双方的其他合法所得。

3. 在婚姻关系存续期间，复员、转业军人所得的复员费、转业费，结婚时间 10 年以上的，应按夫妻共同财产进行分割。复员军人从部队带回的医药补助费和回乡生产补助费，应归本人所有。

4. 夫妻分居两地分别管理、使用的婚后所得财产，应认定为夫妻共同财产。在分割财产时，各自分别管理、使用的财产归各自所有。双方所分财产相差悬殊的，差额部分，由多得财产的一方以与差额相当的财产抵偿另一方。

5. 已登记结婚，尚未共同生活，一方或双方受赠的礼金、礼物应认定为夫妻共同财产，具体处理时应考虑财产来源、数量等情况合理分割。各自出资购置、各自使用的财物，原则上归各自所有。

6. 一方婚前个人所有的财产，婚后由双方共同使用、经营、管理的，房屋和其他价值较大的生产资料经过 8 年，贵重的生活资料经过 4 年，可视为夫妻共同财产。

7. 对个人财产还是夫妻共同财产难以确定的，主张权利的一方有责任举证。当事人举不出有力证据，人民法院又无法查实的，按夫妻共同财产处理。

8. 夫妻共同财产，原则上均等分割。根据生产、生活的实际需要和财产的来源等情况，具体处理时也可以有所差别。属于个人专用的物品，一般归个人所有。

9. 一方以夫妻共同财产与他人合伙经营的，入伙的财产可分给一方所有，分得入伙财产的一方对另一方应给予相当于入伙财产一半价值的补偿。

10. 属于夫妻共同财产的生产资料，可分给有经营条件和能力的一方。分得该生产资料的一方对另一方应给予相当于该财产一半价值的补偿。

11. 对夫妻共同经营的当年无收益的养殖、种植业等，离婚时应从有利于发展生产、有利于经营管理考虑，予以合理分割或折价处理。

12. 婚后 8 年内双方对婚前一方所有的房屋进行过修缮、装修、原拆原建，离婚时未变更产权的，房屋仍归产权人所有，增值部分中属于另一方应得的份额，由房屋所有权人折价补偿另一方；进行过扩建的，扩建部分的房屋应按夫妻共同财产处理。

13. 对不宜分割使用的夫妻共有的房屋，应根据双方住房情况和照顾抚养子女方或无过错方等原则分给一方所有。分得房屋的一方对另一方应给予相当于该房屋一半价值的补偿。在双方条件等同的情况下，应照顾女方。

14. 婚姻存续期间居住的房屋属于一方所有，另一方以离婚后无房居住为由，要求暂住的，经查实可据情予以支持，但一般不超过两年。

无房一方租房居住经济上确有困难的，享有房屋产权的一方可给予一次性经济帮助。

15. 离婚时一方尚未取得经济利益的知识产权，归一方所有。在分割夫妻共同财产时，可根据具体情况，对另一方予以适当的照顾。

16. 婚前个人财产在婚后共同生活中自然毁损、消耗、灭失，离婚时一方要求以夫妻共同财产抵偿的，不予支持。

17. 夫妻为共同生活或为履行抚养、赡养义务等所负债务，应认定为夫妻共同债务，离婚时应当以夫妻共同财产清偿。

下列债务不能认定为夫妻共同债务，应由一方以个人财产清偿：

（1）夫妻双方约定由个人负担的债务，但以逃避债务为目的的除外。

（2）一方未经对方同意，擅自资助与其没有抚养义务的亲朋所负的债务。

（3）一方未经对方同意，独自筹资从事经营活动，其收入确未用于共同生活所负的债务。

（4）其他应由个人承担的债务。

18. 婚前一方借款购置的房屋等财物已转化为夫妻共同财产的，为购置财物借款所负债务，视为夫妻共同债务。

19. 借婚姻关系索取的财物，离婚时，如结婚时间不长，或者因索要财物造成对方生活困难的，可酌情返还。

对取得财物的性质是索取还是赠与难以认定的，可按赠与处理。

20. 离婚时夫妻共同财产未从家庭共同财产中析出，一方要求析产的，可先就离婚和已查清的财产问题进行处理，对一时确实难以查清的财产的分割问题可告知当事人另案处理；或者中止离婚诉讼，待析产案件审结后再恢复离婚诉讼。

21. 一方将夫妻共同财产非法隐藏、转移拒不交出的，或非法变卖、毁损的，分割财产时，对隐藏、转移、变卖、毁损财产的一方，应予以少分或不分。具体处理时，应把隐藏、转移、变卖、毁损的财产作为隐藏、转移、变卖、毁损财产的一方分得的财产份额，对另一方的应得的份额应以其他夫妻共同财产折抵，不足折抵的，差额部分由隐藏、转移、变卖、毁损财产的一方折价补偿对方。对非法隐藏、转移、变卖、毁损夫妻共同财产的一方，人民法院可依照《中华人民共和国民事诉讼法》第一百零二条的规定进行处理。

22. 属于事实婚姻的，其财产分割适用本意见。属于非法同居的，其财产分割按最高人民法院《关于人民法院审理未办结婚登记而以夫妻名义同居生活案件的若干意见》的有关规定处理。

最高人民法院关于人民法院审理未办结婚登记而以夫妻名义同居生活案件的若干意见

（1989 年 12 月 13 日　法［民］发［1989］38 号

自发布之日起施行）

人民法院审理未办结婚登记而以夫妻名义同居生活的案件，应首先向双方当事人严肃指出其行为的违法性和危害性，并视其违法情节给予批评教育或民事制裁。但基于这类“婚姻”关系形成的原因和案件的具体情况复杂，为保护妇女和儿童的合法权益，有利于婚姻家庭关系的稳定，维护安定团结，在一定时期内，有条件的承认其事实婚姻关系，是符合实际的。为此，我们根据法律规定和审判实践经验，对此类案件的审理提出以下意见：

1. 1986 年 3 月 15 日《婚姻登记办法》施行之前，未办结婚登记手续即以夫妻名义同居生活，群众也认为是夫妻关系的，一方向人民法院起诉“离婚”，如起诉时双方均符合结婚的法定条件，可认定为事实婚姻关系；如起诉时一方或双方不符合结婚的法定条件，应认定非法同居关系。

2. 1986 年 3 月 15 日《婚姻登记办法》施行之后，未办结婚登记手续即以夫妻名义同居生活，群众也认为是夫妻关系的，一方向人民法院起诉“离婚”，如同居时双方均符合结婚的法定条件，可认定为事实婚姻关系；如同居时一方或双方不符合结婚的法定条件，应认定为非法同居关系。

3. 自民政部新的婚姻登记管理条例施行之日起，未办结婚登记即以夫妻名义同居生活，按非法同居关系对待。

4. 离婚后双方未再婚，未履行复婚登记手续，又以夫妻名义共同生活，一方起诉“离婚”的，一般应解除其非法同居关系。

5. 已登记结婚的一方又与第三人形成事实婚姻关系，或事实婚姻关系的一方又与第三人登记结婚，或事实婚姻关系的一方又与第三人形成新的事实婚姻关系，凡前一个婚姻关系的一方要求追究重婚罪的，无论其行为是否构成重婚罪，均应解除后一个婚姻关系。前一个婚姻关系的一方如要求处理离婚问题，应根据其婚姻关系的具体情况进行调解或者作出判决。

6. 审理事实婚姻关系的离婚案件，应当先进行调解，经调解和好或撤诉的，确认婚姻关系有效，发给调解书或裁定书，经调解不能和好的，应调解或判决准予离婚。

7. 未办结婚登记而以夫妻名义同居生活的男女，一方要求“离婚”或解除同居关系，经查确属非法同居关系的，应一律判决予以解除。

8. 人民法院审理非法同居关系的案件，如涉及非婚生子女抚养和财产分割问题，应一并予以解决。具体分割财产时，应照顾妇女、儿童的利益，考虑财产的实际情况和双方的过错程度，妥善分割。

9. 解除非法同居关系时，双方所生的非婚生子女，由哪一方抚养，双方协商，协商不成时，应根据子女的利益和双方的具体情况判决，哺乳期内的子女，原则上应由母方抚养，如父方条件好，母方同意，也可由父方抚养，子女为限制民事行为能力人的，应征求子女本人的意见，一方将未成年的子女送他人收养，须征得另一方的同意。

10. 解除非法同居关系时，同居生活期间双方共同所得的收入和购置的财产，按一般共有财产处理，同居生活前，一方自愿赠送给对方的财物可比照赠与关系处理；一方向另一方索取的财物，可参照最高人民法院（84）法办字第 112 号《关于贯彻执行民事政策法律若干问题的意见》第（18）条规定的精神处理。

11. 解除非法同居关系时，同居期间为共同生产、生活而形成的债权、债务，可按共同债权、债务处理。

12. 解除非法同居关系时，一方在共同生活期间患有严重疾病未治愈的，分割财产时，应予适当照顾，或者由另一方给予一次性的经济帮助。

13. 同居生活期间一方死亡，另一方要求继承死者遗产，如认定事实婚姻关系的，可以配偶身份按继承法的有关规定处理；如认定非法同居关系，而又符合继承法第十四条规定的，可根据相互扶助的具体情况处理。

14. 人民法院在审理未办结婚登记而以夫妻名义同居生活的案件时，对违法情节严重，应按照婚姻法、民法通则、《关于贯彻执行〈民法通则〉若干问题的意见》和其他法律、法规的有关规定，给予适当的民事制裁。

15. 本意见自颁布之日起施行。凡最高人民法院过去的规定与本意见相抵触的，均按本意见执行。

最高人民法院关于审理涉及夫妻债务纠纷案件适用法律有关问题的解释

（2018 年 1 月 8 日最高人民法院审判委员会第 1731 次会议通过，
自 2018 年 1 月 18 日起施行　法释［2018］2 号）

为正确审理涉及夫妻债务纠纷案件，平等保护各方当事人合法权益，根据《中华人民共和国民法总则》《中华人民共和国婚姻法》《中华人民共和国合同法》《中华人民共和国民事诉讼法》等法律规定，制定本解释。

第一条　夫妻双方共同签字或者夫妻一方事后追认等共同意思表示所负的债务，应当认定为夫妻共同债务。

第二条　夫妻一方在婚姻关系存续期间以个人名义为家庭日常生活需要所负的债务，债权人以属于夫妻共同债务为由主张权利的，人民法院应予支持。

第三条　夫妻一方在婚姻关系存续期间以个人名义超出家庭日常生活需要所负的债务，债权人以属于夫妻共同债务为由主张权利的，人民法院不予支持，但债权人能够证明该债务用于夫妻共同生活、共同生产经营或者基于夫妻双方共同意思表示的除外。

第四条　本解释自2018年1月18日起施行。

本解释施行后，最高人民法院此前作出的相关司法解释与本解释相抵触的，以本解释为准。

最高人民法院关于审理人身损害赔偿案件适用法律若干问题的解释（节录）

（2003年12月4日由最高人民法院审判委员会第1299次会议通过
法释［2003］20号　自2004年5月1日起施行）

为正确审理人身损害赔偿案件，依法保护当事人的合法权益，根据《中华人民共和国民法通则》以下简称民法通则、《中华人民共和国民事诉讼法》以下简称民事诉讼法等有关法律规定，结合审判实践，就有关适用法律的问题作如下解释：

第一条　因生命、健康、身体遭受侵害，赔偿权利人起诉请求赔偿义务人赔偿财产损失和精神损害的，人民法院应予受理。

本条所称“赔偿权利人”，是指因侵权行为或者其他致害原因直接遭受人身损害的受害人、依法由受害人承担扶养义务的被扶养人以及死亡受害人的近亲属。

本条所称“赔偿义务人”，是指因自己或者他人的侵权行为以及其他致害原因依法应当承担民事责任的自然人、法人或者其他组织。

第二条　受害人对同一损害的发生或者扩大有故意、过失的，依照民法通则第一百三十一条的规定，可以减轻或者免除赔偿义务人的赔偿责任。但侵权人因故意或者重大过失致人损害，受害人只有一般过失的，不减轻赔偿义务人的赔偿责任。

适用民法通则第一百零六条第三款规定确定赔偿义务人的赔偿责任时，受害人有重大过失的，可以减轻赔偿义务人的赔偿责任。

……

第十七条　受害人遭受人身损害，因就医治疗支出的各项费用以及因误工减少的收入，包括医疗费、误工费、护理费、交通费、住宿费、住院伙食补助费、必要的营养费，赔偿义务人应当予以赔偿。

受害人因伤致残的，其因增加生活上需要所支出的必要费用以及因丧失劳动能力导致的收入损失，包括残疾赔偿金、残疾辅助器具费、被扶养人生活费，以及因康复护理、继续治疗实际发生的必要的康复费、护理费、后续治疗费，赔偿义务人也应当予以赔偿。

受害人死亡的，赔偿义务人除应当根据抢救治疗情况赔偿本条第一款规定的相关费用外，还应当赔偿丧葬费、被扶养人生活费、死亡补偿费以及受害人亲属办理丧葬事宜支出的交通费、住宿费和误工损失等其他合理费用。

第十八条 受害人或者死者近亲属遭受精神损害，赔偿权利人向人民法院请求赔偿精神损害抚慰金的，适用《最高人民法院关于确定民事侵权精神损害赔偿责任若干问题的解释》予以确定。

精神损害抚慰金的请求权，不得让与或者继承。但赔偿义务人已经以书面方式承诺给予金钱赔偿，或者赔偿权利人已经向人民法院起诉的除外。

第十九条 医疗费根据医疗机构出具的医药费、住院费等收款凭证，结合病历和诊断证明等相关证据确定。赔偿义务人对治疗的必要性和合理性有异议的，应当承担相应的举证责任。

医疗费的赔偿数额，按照一审法庭辩论终结前实际发生的数额确定。器官功能恢复训练所必要的康复费、适当的整容费以及其他后续治疗费，赔偿权利人可以待实际发生后另行起诉。但根据医疗证明或者鉴定结论确定必然发生的费用，可以与已经发生的医疗费一并予以赔偿。

第二十条 误工费根据受害人的误工时间和收入状况确定。

误工时间根据受害人接受治疗的医疗机构出具的证明确定。受害人因伤致残持续误工的，误工时间可以计算至定残日前一天。

受害人有固定收入的，误工费按照实际减少的收入计算。受害人无固定收入的，按照其最近三年的平均收入计算；受害人不能举证证明其最近三年的平均收入状况的，可以参照受诉法院所在地相同或者相近行业上一年度职工的平均工资计算。

第二十一条 护理费根据护理人员的收入状况和护理人数、护理期限确定。

护理人员有收入的，参照误工费的规定计算；护理人员没有收入或者雇佣护工的，参照当地护工从事同等级别护理的劳务报酬标准计算。护理人员原则上为一人，但医疗机构或者鉴定机构有明确意见的，可以参照确定护理人员人数。

护理期限应计算至受害人恢复生活自理能力时止。受害人因残疾不能恢复生活自理能力的，可以根据其年龄、健康状况等因素确定合理的护理期限，但最长不超过二十年。

受害人定残后的护理，应当根据其护理依赖程度并结合配制残疾辅助器具的情况确定护理级别。

第二十二条 交通费根据受害人及其必要的陪护人员因就医或者转院治疗实际发生的费用计算。交通费应当以正式票据为凭；有关凭据应当与就医地点、时间、人数、次数相符合。

第二十三条 住院伙食补助费可以参照当地国家机关一般工作人员的出差伙食补助标准予以确定。

受害人确有必要到外地治疗，因客观原因不能住院，受害人本人及其陪护人员实际发生的住宿费和伙食费，其合理部分应予赔偿。

第二十四条 营养费根据受害人伤残情况参照医疗机构的意见确定。

第二十五条 残疾赔偿金根据受害人丧失劳动能力程度或者伤残等级，按照受诉法院所在地上一年度城镇居民人均可支配收入或者农村居民人均纯收入标准，自定残之日起按二十年计算。但六十周岁以上的，年龄每增加一岁减少一年；七十五周岁以上的，按五年计算。

受害人因伤致残但实际收入没有减少，或者伤残等级较轻但造成职业妨害严重影响其劳动就业的，可以对残疾赔偿金作相应调整。

第二十六条 残疾辅助器具费按照普通适用器具的合理费用标准计算。伤情有特殊需要的，可以参照辅助器具配制机构的意见确定相应的合理费用标准。

辅助器具的更换周期和赔偿期限参照配制机构的意见确定。

第二十七条 丧葬费按照受诉法院所在地上一年度职工月平均工资标准，以六个月总额计算。

第二十八条 被扶养人生活费根据扶养人丧失劳动能力程度，按照受诉法院所在地上一年度城镇居民人均消费性支出和农村居民人均年生活消费支出标准计算。被扶养人为未成年人的，计算至十八周岁；被扶养人无劳动能力又无其他生活来源的，计算二十年。但六十周岁以上的，年龄每增加一岁减少一年；七十五周岁以上的，按五年计算。

被扶养人是指受害人依法应当承担扶养义务的未成年人或者丧失劳动能力又无其他生活来源的成年近亲属。被扶养人还有其他扶养人的，赔偿义务人只赔偿受害人依法应当负担的部分。被扶养人有数人的，年赔偿总额累计不超过上一年度城镇居民人均消费性支出额或者农村居民人均年生活消费支出额。

第二十九条 死亡赔偿金按照受诉法院所在地上一年度城镇居民人均可支配收入或者农村居民人均纯收入标准，按二十年计算。但六十周岁以上的，年龄每增加一岁减少一年；七十五周岁以上的，按五年计算。

第三十条 赔偿权利人举证证明其住所地或者经常居住地城镇居民人均可支配收入或者农村居民人均纯收入高于受诉法院所在地标准的，残疾赔偿金或者死亡赔偿金可以按照其住所地或者经常居住地的相关标准计算。

被扶养人生活费的相关计算标准，依照前款原则确定。

第三十一条 人民法院应当按照民法通则第一百三十一条以及本解释第二条的规定，确定第十九条至第二十九条各项财产损失的实际赔偿金额。

前款确定的物质损害赔偿金与按照第十八条第一款规定确定的精神损害抚慰金，原则上应当一次性给付。

第三十二条 超过确定的护理期限、辅助器具费给付年限或者残疾赔偿金给付年限，赔偿权利人向人民法院起诉请求继续给付护理费、辅助器具费或者残疾赔偿金的，人民法院应予受理。赔偿权利人确需继续护理、配制辅助器具，或者没有劳动能力和生活来源的，人民法院应当判令赔偿义务人继续给付相关费用五至十年。

第三十三条 赔偿义务人请求以定期金方式给付残疾赔偿金、被扶养人生活费、残疾辅助器具费的，应当提供相应的担保。人民法院可以根据赔偿义务人的给付能力和提供担保的情况，确定以定期金方式给付相关费用。但一审法庭辩论终结前已经发生的费用、死亡赔偿金以及精神损害抚慰金，应当一次性给付。

第三十四条 人民法院应当在法律文书中明确定期金的给付时间、方式以及每期给付标准。执行期间有关统计数据发生变化的，给付金额应当适时进行相应调整。

定期金按照赔偿权利人的实际生存年限给付，不受本解释有关赔偿期限的限制。

第三十五条 本解释所称"城镇居民人均可支配收入"、"农村居民人均纯收入"、"城镇居民人均消费性支出"、"农村居民人均年生活消费支出"、"职工平均工资"，按照政府统计部门公布的各省、自治区、直辖市以及经济特区和计划单列市上一年度相关统计数据确定。

"上一年度"，是指一审法庭辩论终结时的上一统计年度。

第三十六条 本解释自2004年5月1日起施行。2004年5月1日后新受理的一审人身损害赔偿案件，适用本解释的规定。已经作出生效裁判的人身损害赔偿案件依法再审的，不适用本解释的规定。

在本解释公布施行之前已经生效施行的司法解释，其内容与本解释不一致的，以本解释为准。

最高人民法院关于确定民事侵权精神损害赔偿责任若干问题的解释（节录）

（2001年2月26日最高人民法院审判委员会第1161次会议通过
法释［2001］7号　自2001年3月10日起施行）

为在审理民事侵权案件中正确确定精神损害赔偿责任，根据《中华人民共和国民法通则》等有关法律规定，结合审判实践经验，对有关问题作如下解释：

……

第六条 当事人在侵权诉讼中没有提出赔偿精神损害的诉讼请求，诉讼终结后又基于同一侵权事实另行起诉请求赔偿精神损害的，人民法院不予受理。

第七条 自然人因侵权行为致死，或者自然人死亡后其人格或者遗体遭受侵害，死者的配偶、父母和子女向人民法院起诉请求赔偿精神损害的，列其配偶、父母和子女为原告；没有配偶、父母和子女的，可以由其他近亲属提起诉讼，列其他近亲属为原告。

第八条 因侵权致人精神损害，但未造成严重后果，受害人请求赔偿精神损害的，一般不予支持，人民法院可以根据情形判令侵权人停止侵害、恢复名誉、消除影响、赔礼道歉。

因侵权致人精神损害，造成严重后果的，人民法院除判令侵权人承担停止侵害、恢复名誉、消除影响、赔礼道歉等民事责任外，可以根据受害人一方的请求判令其赔偿相应的精神损害抚慰金。

第九条 精神损害抚慰金包括以下方式：

（一）致人残疾的，为残疾赔偿金；

（二）致人死亡的，为死亡赔偿金；

（三）其他损害情形的精神抚慰金。

第十条 精神损害的赔偿数额根据以下因素确定：

（一）侵权人的过错程度，法律另有规定的除外；

（二）侵害的手段、场合、行为方式等具体情节；

（三）侵权行为所造成的后果；

（四）侵权人的获利情况；

（五）侵权人承担责任的经济能力；

（六）受诉法院所在地平均生活水平。

法律、行政法规对残疾赔偿金、死亡赔偿金等有明确规定的，适用法律、行政法规的规定。

第十一条 受害人对损害事实和损害后果的发生有过错的，可以根据其过错程度减轻或者免除侵权人的精神损害赔偿责任。

第十二条 在本解释公布施行之前已经生效施行的司法解释，其内容有与本解释不一致的，以本解释为准。

中华人民共和国反家庭暴力法

（2015年12月27日第十二届全国人民代表大会常务委员会第十八次会议通过
自2016年3月1日起施行）

第一章 总则

第一条 为了预防和制止家庭暴力，保护家庭成员的合法权益，维护平等、和睦、文明的家庭关系，促进家庭和谐、社会稳定，制定本法。

第二条 本法所称家庭暴力，是指家庭成员之间以殴打、捆绑、残害、限制人身自由以及经常性谩骂、恐吓等方式实施的身体、精神等侵害行为。

第三条 家庭成员之间应当互相帮助，互相关爱，和睦相处，履行家庭义务。

反家庭暴力是国家、社会和每个家庭的共同责任。

国家禁止任何形式的家庭暴力。

第四条 县级以上人民政府负责妇女儿童工作的机构，负责组织、协调、指导、督促有关部门做好反家庭暴力工作。

县级以上人民政府有关部门、司法机关、人民团体、社会组织、居民委员会、村民委员会、企业事业单位，应当依照本法和有关法律规定，做好反家庭暴力工作。

各级人民政府应当对反家庭暴力工作给予必要的经费保障。

第五条 反家庭暴力工作遵循预防为主，教育、矫治与惩处相结合原则。

反家庭暴力工作应当尊重受害人真实意愿，保护当事人隐私。

未成年人、老年人、残疾人、孕期和哺乳期的妇女、重病患者遭受家庭暴力的，应当给予特殊保护。

第二章 家庭暴力的预防

第六条 国家开展家庭美德宣传教育，普及反家庭暴力知识，增强公民反家庭暴力意识。

工会、共产主义青年团、妇女联合会、残疾人联合会应当在各自工作范围内，组织开展家庭美德和反家庭暴力宣传教育。

广播、电视、报刊、网络等应当开展家庭美德和反家庭暴力宣传。

学校、幼儿园应当开展家庭美德和反家庭暴力教育。

第七条 县级以上人民政府有关部门、司法机关、妇女联合会应当将预防和制止家庭暴力纳入业务培训和统计工作。

医疗机构应当做好家庭暴力受害人的诊疗记录。

第八条 乡镇人民政府、街道办事处应当组织开展家庭暴力预防工作，居民委员会、村民委员会、社会工作服务机构应当予以配合协助。

第九条 各级人民政府应当支持社会工作服务机构等社会组织开展心理健康咨询、家庭关系指导、家庭暴力预防知识教育等服务。

第十条 人民调解组织应当依法调解家庭纠纷，预防和减少家庭暴力的发生。

第十一条 用人单位发现本单位人员有家庭暴力情况的，应当给予批评教育，并做好家庭矛盾的调解、化解工作。

第十二条 未成年人的监护人应当以文明的方式进行家庭教育，依法履行监护和教育职责，不得实施家庭暴力。

第三章 家庭暴力的处置

第十三条 家庭暴力受害人及其法定代理人、近亲属可以向加害人或者受害人所在单位、居民委员会、村民委员会、妇女联合会等单位投诉、反映或者求助。有关单位接到家庭暴力投诉、反映或者求助后，应当给予帮助、处理。

家庭暴力受害人及其法定代理人、近亲属也可以向公安机关报案或者依法向人民法院起诉。

单位、个人发现正在发生的家庭暴力行为，有权及时劝阻。

第十四条 学校、幼儿园、医疗机构、居民委员会、村民委员会、社会工作服务机构、救助管理机构、福利机构及其工作人员在工作中发现无民事行为能力人、限制民事行为能力人遭受或者疑似遭受家庭暴力的，应当及时向公安机关报案。公安机关应当对报案人的信息予以保密。

第十五条　公安机关接到家庭暴力报案后应当及时出警，制止家庭暴力，按照有关规定调查取证，协助受害人就医、鉴定伤情。

无民事行为能力人、限制民事行为能力人因家庭暴力身体受到严重伤害、面临人身安全威胁或者处于无人照料等危险状态的，公安机关应当通知并协助民政部门将其安置到临时庇护场所、救助管理机构或者福利机构。

第十六条　家庭暴力情节较轻，依法不给予治安管理处罚的，由公安机关对加害人给予批评教育或者出具告诫书。

告诫书应当包括加害人的身份信息、家庭暴力的事实陈述、禁止加害人实施家庭暴力等内容。

第十七条　公安机关应当将告诫书送交加害人、受害人，并通知居民委员会、村民委员会。

居民委员会、村民委员会、公安派出所应当对收到告诫书的加害人、受害人进行查访，监督加害人不再实施家庭暴力。

第十八条　县级或者设区的市级人民政府可以单独或者依托救助管理机构设立临时庇护场所，为家庭暴力受害人提供临时生活帮助。

第十九条　法律援助机构应当依法为家庭暴力受害人提供法律援助。

人民法院应当依法对家庭暴力受害人缓收、减收或者免收诉讼费用。

第二十条　人民法院审理涉及家庭暴力的案件，可以根据公安机关出警记录、告诫书、伤情鉴定意见等证据，认定家庭暴力事实。

第二十一条　监护人实施家庭暴力严重侵害被监护人合法权益的，人民法院可以根据被监护人的近亲属、居民委员会、村民委员会、县级人民政府民政部门等有关人员或者单位的申请，依法撤销其监护人资格，另行指定监护人。

被撤销监护人资格的加害人，应当继续负担相应的赡养、扶养、抚养费用。

第二十二条　工会、共产主义青年团、妇女联合会、残疾人联合会、居民委员会、村民委员会等应当对实施家庭暴力的加害人进行法治教育，必要时可以对加害人、受害人进行心理辅导。

第四章　人身安全保护令

第二十三条　当事人因遭受家庭暴力或者面临家庭暴力的现实危险，向人民法院申请人身安全保护令的，人民法院应当受理。

当事人是无民事行为能力人、限制民事行为能力人，或者因受到强制、威吓等原因无法申请人身安全保护令的，其近亲属、公安机关、妇女联合会、居民委员会、村民委员会、救助管理机构可以代为申请。

第二十四条 申请人身安全保护令应当以书面方式提出；书面申请确有困难的，可以口头申请，由人民法院记入笔录。

第二十五条 人身安全保护令案件由申请人或者被申请人居住地、家庭暴力发生地的基层人民法院管辖。

第二十六条 人身安全保护令由人民法院以裁定形式作出。

第二十七条 作出人身安全保护令，应当具备下列条件：

（一）有明确的被申请人；

（二）有具体的请求；

（三）有遭受家庭暴力或者面临家庭暴力现实危险的情形。

第二十八条 人民法院受理申请后，应当在七十二小时内作出人身安全保护令或者驳回申请；情况紧急的，应当在二十四小时内作出。

第二十九条 人身安全保护令可以包括下列措施：

（一）禁止被申请人实施家庭暴力；

（二）禁止被申请人骚扰、跟踪、接触申请人及其相关近亲属；

（三）责令被申请人迁出申请人住所；

（四）保护申请人人身安全的其他措施。

第三十条 人身安全保护令的有效期不超过六个月，自作出之日起生效。人身安全保护令失效前，人民法院可以根据申请人的申请撤销、变更或者延长。

第三十一条 申请人对驳回申请不服或者被申请人对人身安全保护令不服的，可以自裁定生效之日起五日内向作出裁定的人民法院申请复议一次。人民法院依法作出人身安全保护令的，复议期间不停止人身安全保护令的执行。

第三十二条 人民法院作出人身安全保护令后，应当送达申请人、被申请人、公安机关以及居民委员会、村民委员会等有关组织。人身安全保护令由人民法院执行，公安机关以及居民委员会、村民委员会等应当协助执行。

第五章 法律责任

第三十三条 加害人实施家庭暴力，构成违反治安管理行为的，依法给予治安管理处罚；构成犯罪的，依法追究刑事责任。

第三十四条 被申请人违反人身安全保护令，构成犯罪的，依法追究刑事责任；尚不构成犯罪的，人民法院应当给予训诫，可以根据情节轻重处以一千元以下罚款、十五日以下拘留。

第三十五条 学校、幼儿园、医疗机构、居民委员会、村民委员会、社会工作服务机构、救助管理机构、福利机构及其工作人员未依照本法第十四条规定向公安机关报案，造成严重后果的，由上级主管部门或者本单位对直接负责的主管人员和其他直接责任人员依法给予处分。

第三十六条 负有反家庭暴力职责的国家工作人员玩忽职守、滥用职权、徇私舞弊的，依法给予处分；构成犯罪的，依法追究刑事责任。

第六章　附则

第三十七条　家庭成员以外共同生活的人之间实施的暴力行为，参照本法规定执行。

第三十八条　本法自2016年3月1日起施行。

最高人民法院关于人身安全保护令案件相关程序问题的批复

（2016年6月6日最高人民法院审判委员会第1686次会议通过，自2016年7月13日起施行　法释［2016］15号）

北京市高级人民法院：

你院《关于人身安全保护令案件相关程序问题的请示》（京高法〔2016〕45号）收悉。经研究，批复如下：

一、关于人身安全保护令案件是否收取诉讼费的问题。同意你院倾向性意见，即向人民法院申请人身安全保护令，不收取诉讼费用。

二、关于申请人身安全保护令是否需要提供担保的问题。同意你院倾向性意见，即根据《中华人民共和国反家庭暴力法》请求人民法院作出人身安全保护令的，申请人不需要提供担保。

三、关于人身安全保护令案件适用程序等问题。人身安全保护令案件适用何种程序，反家庭暴力法中没有作出直接规定。人民法院可以比照特别程序进行审理。家事纠纷案件中的当事人向人民法院申请人身安全保护令的，由审理该案的审判组织作出是否发出人身安全保护令的裁定；如果人身安全保护令的申请人在接受其申请的人民法院并无正在进行的家事案件诉讼，由法官以独任审理的方式审理。至于是否需要就发出人身安全保护令问题听取被申请人的意见，则由承办法官视案件的具体情况决定。

四、关于复议问题。对于人身安全保护令的被申请人提出的复议申请和人身安全保护令的申请人就驳回裁定提出的复议申请，可以由原审判组织进行复议；人民法院认为必要的，也可以另行指定审判组织进行复议。

此复。

附 录 三

法律实务技能考核方案[1]

法律文书制作规则及考核

一、考核项目

法律文书制作。

二、考核方式

根据给定的案件材料，在规定的2小时内，制作相应的法律文书。

三、考核内容

考核一种法律文书的制作。范围如下：

（1）常用诉讼文书：民事起诉状、民事答辩状、民事案件代理词、民事上诉状、民事再审申请书、辩护词；

（2）人民调解法律文书：人民调解申请书、人民调解记录、人民调解协议书；

（3）其他非诉法律文书：遗嘱、遗赠抚养协议、离婚协议书、婚前财产协议书；

（4）司法文书：起诉意见书、起诉书、第一审民事判决书。

四、评分标准

以下为考核要点及参考分值，具体量化评价指标及评分由各组组长和指导教师根据文书具体内容制定。

考核项目	考核要点	分值比例
文书样式	格式规范、要素完整。	40%
文书内容	事实概括准确、材料分析准确、取舍合理；正确引用法律条文，法律分析准确；主旨明确，说理充分，分析到位。	40%

〔1〕 参见司职委（2017）15号：2017全国司法警官职业院校法律实务技能大赛比赛规则。

续表

考核项目	考核要点	分值比例
文书语言	体现法言法语，用语规范； 准确运用法律术语； 语义表达准确无歧义。	15%
整体印象	文书整洁、美观。	5%

法律事务处理规则及考核

案件分析与汇报规程

一、考核内容

考核内容	分值比重	考核方式
案件事实概括	30	书面、现场
法律关系分析	50	
案件处理思路	20	

二、考核方式

1. 以参赛组为单位。

2. 各组抽签决定竞赛顺序。

3. 各组按抽签确定的顺序，提前60分钟抽取题目。

4. 学生进行60分钟的赛前准备。参赛学生通过查阅法律法规、小组讨论等方式完成案例分析汇报准备工作。形成案件分析提要书面稿，在面试时上交评委老师。

5. 所有参赛学生进入现场，向评委现场汇报案件分析结果。参赛队成员自行分工配合完成考核汇报。面试汇报内容主要包括：

（1）案件事实概括：概括案件事实，阐明需要进一步查明的事实，分析本案的证据材料，归纳争议主张。

（2）法律关系分析：阐明案件法律关系属性，介绍案件相关法律规定，明确当事人权利义务，概括案件争议焦点并进行分析。

（3）案件处理思路：对案件分析进行结论性总结，并提出解决纠纷的可行性建议。

学生汇报过程中，评委可以视情况进行提问，提问可以指定某名参赛学生回答。

评委根据参赛团队的表现逐项进行评分。

三、评分标准

以下为考核要点及参考分值，具体量化评价指标及评分由各组组长和指导教师根据案件具体内容制定。

考核内容	考核要点	分值比例
案件事实概括	简明扼要概括案件事实，明确需要进一步核实的事实； 争议主体情况交待清楚； 证据材料分析全面完整，证明内容阐述清楚； 梳理争议方要求，归纳争议主张。	20%
法律关系分析	阐明案件法律关系属性； 介绍案件相关法律规定； 明确当事人权利义务； 概括案件争议焦点并进行分析。	40%
案件处理思路	案件分析全面、充分，合乎逻辑； 纠纷解决思路清晰，可行性强。	20%
整体表现	语言表达自然流畅、声音洪亮、法律术语运用准确； 衣着整洁、自然得体、端庄大方； 团队合作、配合默契。	20%

法律咨询（会见当事人）规程

一、考核内容

考核内容	分值比重	考核方式
会见当事人	60%	书面、现场
解答咨询	40%	

二、考核方式

1. 以参赛组为单位。

2. 各组抽签决定竞赛顺序。

3. 各组按抽签确定的顺序抽取考题。

4. 参赛学生进行60分钟的赛前准备。参赛学生通过查阅法律法规、小组讨论等方式完成会见当事人方案设计、法律问题分析，形成会见当事人方案书面稿，在面试时上交评委老师。

5. 了解案情。参赛学生应当按照会见方案进行自我介绍、了解案情、询问详情、获取资料、总结确认，评委根据参赛团队的表现逐项评分。

6. 解答咨询。完成案情询问，掌握案件事实后，参赛学生应当提出对本案的咨询意见。既要包括对案件当事人权利义务的法律分析，也要对涉及纠纷解决途径及利弊进行分析，评委根据参赛团队的表现逐项评分。

三、评分标准

以下为考核要点及参考分值，具体量化评价指标及评分由各组组长和指导教师根据案件具体内容制定。

考核内容	考核要点	分值比例
会见当事人方案设计	会见方案是否要素完整、要点清晰； 会见目标是否明确； 小组成员分工是否合理； 问题列表是否逻辑清晰、全面周详； 是否预见意外事件以及应对措施。	20%
会见当事人	是否按照会见方案顺利完成会见； 开场白是否合适，与当事人是否有沟通； 参赛学生的衣着、姿态、就座的方式是否合适； 提问时思路是否清晰，语言表达是否流畅； 会见当事是否掌握沟通技巧，营造良好会见氛围，赢得当事人的信任； 是否能准确把握当事人的诉求； 出现意外情形是否能沉着冷静，妥善化解； 是否获得了较为全面的案件信息； 是否能识别有利信息与不利信息，团队合作是否默契，语言表达是否流畅。	40%
解答咨询	方案设计是否充分考虑了当事人的诉求； 方案设计是否对现有资料进行评估，分析相关法律事实和法律规定； 方案设计是否针对当事人的基本情况进行成本与收益分析； 是否向当事人解释方案的内容； 解释过程中是否使用了通俗易懂的语言让当事人明白方案的内容； 是否解释具体方案与当事人目标之间的关系，让当事人知道如何通过这些方案实现目的； 是否向当事人说明各个方案的利弊； 团队合作是否默契，语言表达是否流畅。	40%

民间纠纷调解规程

一、考核内容

考核内容	分值比重	考核方式
调解方案设计	30%	笔试、面试
调解开场陈述	30%	
背靠背调解	40%	

二、考核方式

1. 以参赛队为单位，每队由 3 名参赛学生组成。

2. 各队抽签决定竞赛顺序。

3. 各队按抽签确定的顺序，提前 60 分钟抽取考题。

4. 参赛学生进行 60 分钟的赛前准备。参赛学生通过查阅法律法规、小组讨论等方式完成调解方案设计、涉法问题分析以及调解角色模拟准备工作。形成调解方案书面稿，在面试时上交评委。

5. 所有的小组成员进入现场面试考核。面试考核主要包括：

（1）调解方案汇报：由参赛队代表简单介绍本队拟定的调解方案。评委综合考虑书面调解方案和参赛学生现场汇报进行评分。

（2）调解开场陈述模拟表演：参赛学生现场抽签确定角色身份（包括调解员、当事人甲、当事人乙），由扮演调解员的参赛学生安排调解座位，进行面对面调解中的开场陈述。

（3）背靠背调解模拟表演：参赛学生重新抽签确定角色身份（包括两名调解员、一方当事人），同时抽签选择一种需要使用的调解方法技巧。由两名调解员对一方当事人进行背靠背劝说（参赛队员可任意确定劝说对象为当事人甲或当事人乙）。劝说时应当至少使用两种调解方法技巧，其中一种必须是“法律宣教法”，另一种必须是抽签确定的调解方法技巧。可供抽签选择的调解方法技巧包括：换位思考法、情感融合法、利弊分析法、道德感召法、激励肯定法、批评训诫法。

评委根据参赛团队的表现逐项进行评分。

三、评分标准

以下为考核要点及参考分值，具体量化评价指标及评分表由各组组长和评委老师根据案件具体内容制定。

考核内容	考核要点	分值比例
调解方案设计	调解方案要素完整，要点清晰； 案例分析充分，纠纷焦点明确； 使用适当的调解方式和正确的调解方法； 阐述逻辑清晰，语言表达流畅。	30%

续表

考核内容	考核要点	分值比例
调解开场陈述	神情落落大方，表现自信； 明确调解目的、性质，要素完整，思路清晰，语言表达流畅； 营造良好的调解氛围。	30%
背靠背调解	准确使用法律宣教法，法律关系分析正确； 充分使用抽签确定的调解方法进行调解劝说，具有相当的说服力； 仪态得当，表现自信，能正确运用和解读身体语言； 思路清晰，语言表达流畅； 团队合作默契，表演自然逼真； 具有相当的说服力和良好的应变能力，整体感觉出色。	40%

参考文献

1. 范李瑛、张洪波编著：《婚姻家庭继承法案例教程》，北京大学出版社 2010 年版。

2. 杨大文、龙翼飞主编：《婚姻家庭法》，中国人民大学出版社 2018 年版。

3. 马建荣主编：《基层法律服务》，中国政法大学出版社 2014 年版。

4. 中国法制出版社编：《中华人民共和国婚姻法：案例注释版》，中国法制出版社 2016 年版。

5. 中国法制出版社编：《婚姻家庭法律适用全书：结婚、离婚、收养、继承》，中国法制出版社 2014 年版。

6. 中国法制出版社编：《法律司法解释判例小全书：民事》，中国法制出版社 2010 年版。

7. 《办案实用小全书》编写组编：《民事办案实用小全书》，中国法制出版社 2009 年版。

8. 中国法制出版社编：《婚姻、收养、继承法一本通》，中国法制出版社 2008 年版。

9. 蒋月、洪志坚主编：《婚姻法与继承法案例精解》，厦门大学出版社 2004 年版。

10. 陶毅主编：《婚姻家庭与继承法学案例教程》，知识产权出版社 2003 年版。

11. 马忆南主编：《婚姻家庭法》，北京大学出版社 2012 年版。

12. 杨大文主编：《亲属法》，法律出版社 2003 年版。

13. 史尚宽：《亲属法论》，中国政法大学出版社 2000 年版。

14. 朱萍萍、袁志丽主编：《婚姻家庭法原理与实务》，中国政法大学出版社 2019 年版。